PSES OF HEAVEN

s of Hope and Peace at the End of Life's Journey

by Trudy Harris

最後的40堂奇蹟課

茱蒂·荷莉絲——著
藍曉鹿——譯

Glimpses of Heaven
True Stories of Hope and Peace at the End of Life's Journey

CONTENT

Glimpses of Heaven

True Stories of Hope and Peace at the End of Life's Journey

專文推薦

活在當下，就是經歷神蹟

紀寶如

我想大部分的人都很害怕死亡吧！尤其是知道自己活的時間有限，那更是一種懼怕、等待的折磨吧！

可是，在基督徒的信仰中，雖然死亡會和家人好像肉體上暫時分開，但知道總有一天會在天堂上再度相逢，所以總有著無比的盼望。死亡對基督徒來說並不可怕，而只是肉體的敗壞，那靈裡的生命，卻是永生的、有盼望的。

看完這本書後，我能體會茱蒂的感受。在我信主後，因神的愛臨到我身上，我到榮總及多家醫院等地方做過志工，尤其是家護及安寧病房，長達兩年時間，陪伴這些病患及家人，給他們鼓勵，為他們禱告，一起和他們經歷哭泣、喜樂，更重要的是與他們一起經歷神。難道一定是死裡復活才是神蹟？在我的感受中，在每一段與病患及他們家人的相處中，我都看見了生命的改變。

生命的重生不只是肉體，靈裡的重生才是最珍貴的，千萬不要等失去了，才知擁有的美麗。活在當下，哪怕是最後一天，對於周遭的人、事、物都要珍惜，那就是天天在經歷神蹟了！

（本文作者為台灣優質生命協會秘書長）

專文推薦

最後40堂課

彭蕙仙

死亡最神奇的地方在於它開啟了生命，這是上帝賜予將亡者最大的禮物，也是將亡者給予生者的最真摯的禮物，那就是「死亡不是結束，而是開始。」而將亡者的寧靜與安然，並不是安慰人心的阿Q之語，而是真實的確據，正如耶穌在離世之前對祂的門徒說的：「我若去為你們預備了地方，就必再來接你們到我那裡去，我在哪裡，叫你們也在那裡。」（約翰福音 14:3）原來我們常說的「你先走一步，我隨後就到。」並非玩笑之語，其中蘊含的是最深的信賴與溫柔。

近日，戰後第一代「國民天后」鳳飛飛辭世的消息震驚了台灣，但是人們知道這件事情的時候，已是她過世一個月之後了。鳳飛飛刻意低調，並不表示她走的無奈，她告訴家人與歌迷，她的一生「過得快樂，活得精采」，愛過也傷過，有過掌聲也經歷失落，鳳飛飛彷彿是用「死亡」這個美麗的休止符來提醒生者，要好好活著，因為人生是值得活的。

這本書裡頭的四十個例子，涵蓋了不同年齡、不同狀態的死亡，有三歲早夭的兒童，也有九十高齡者，有青春正盛，也有日近黃昏。有些人在死亡前早已很清楚自己的未來，有的是直到死亡的前一刻，才終於找到了平安；作為長期處理死亡議題的護理人員與信仰深厚者，作者在敘述這些故事時，總在字裡行間，透露處理死亡在幾個方面的預備工作，一是確定什麼是必要的與不必要的醫療措施；二是將亡者的靈魂居所；三是喪葬典儀；四是安頓家人的心。

而死亡課程裡，最關鍵的就是死後的歸處。就好像旅行時，若我們知道下一站會去哪裡，心裡會篤定許多，至於你要搭飛機、高鐵還是郵輪都好，因為不同路線上都各有風景。

人們常說死亡最可怕是不知道你要去哪裡，或甚至「還有沒有這一個『我』？」如果不知、如果沒有，那麼這戛然而止的人生，究竟又是為何來呢？所以，死亡帶來的不確定，會令活著的歲月失去方向與意義。孔子說：「未知生，焉知死？」他的意思並不是說死後如何不重要，而是勸勉弟子與其花腦筋想祭祀禮儀，不如多用心與人好好相處。蘋果創辦人賈伯斯說：「死亡可能是生命中最棒的發明，是生命交替的媒介。」因此或許我們可以說，知死之人將更知生，因為死亡是活著的人必須好好活著的無可推諉的理由。

這本《最後的40堂奇蹟課》書中的故事主角，雖然是四十位已經過世的人，但作者想要對話的書寫對象，當然是還繼續在這世上行走的我們。透過包括作者至親的父母在內的四十位亡者在過世前所經歷的身心靈路程，我們理解到，能夠帶著感恩與喜樂滿足的心，走向「回家的路」是多麼美好的祝福；這祝福不只是對將亡者自己，更是對關愛的親友，因為他們知道，亡者無憾，以致無懼，這是生者最大的安慰。

書裡有數個故事講到將亡者預見未來要去的地方，美好的令他雀躍，他要親友不要擔心；還有故事說到將亡者心有牽掛，不忍離開，兒子輕輕安撫，告訴他一切都會好好處理，放心去到耶穌那裡吧，父親於是闔眼。在生命與死亡交接的那一刻，生者與亡者皆平靜安穩，因為他們深知神的恩典將引導祂的兒女平安歸家。

奇蹟來自於對生命有更深的、永恆的認識。這是一本生命之書。

（本文作者為知名作家）

專文推薦

出死入生，喜樂躍龍門

趙可式

在〈享受天國的回報〉那篇故事中，生活在愛中的海娜臨終時，摯愛的丈夫、小女兒、及三個妹妹窩在她的床邊，邊禱告，邊鼓勵她說：「上天堂去吧！海娜，放心，去就是了！」海娜回答說：「好啦，好啦，我去了，別催了！」說完，她便平靜地離開人世了！

您見過上述的情境嗎？死別是人生中的「最慟」，最自然地就是悲傷痛哭，或強忍飲泣，心碎情裂。上述情境是幽默小說嗎？不然！這本小書述說了四十個真實的故事，皆是活生生地發生在生命之中，雖然是美國的背景及一些外國人的名字，但生命是相通的，「瑪莉安」可以變成「阿珠」，「布萊恩」可以變成我們的「阿輝」，這些案例可以超越時空，給現時現地的我們許多攸關生命的重要啟示。

作者荷莉絲女士，是位有三十多年照護臨終病人經驗的資深安寧療護護理師，祖籍愛爾蘭，具深厚天主教信仰的美國人。她在書中除了描述多位病人臨終的情況之外，更加入了自己的父親、母親、公公、婆婆及丈夫的姑姑等多位親人的生命故事。從這些真實案例中，發現與我多年臨床經驗完全契合之下列三點生命真理：

一、深度的信仰能打破「死亡恐懼」的迷思

近三十年來，中外皆有許多以「死亡恐懼」為主題的研究報告或著作，我卻認為這個名詞是極為不妥的迷思。「死亡」一定不是件好事，若有一位臨終病人告訴您：「我對死亡一點也不害怕！」您是否相信呢？世上有多少人對死亡毫不恐懼呢？問題是恐懼的內容為何？一般人對死亡的恐懼原因有：害怕臨終時的痛苦、死亡時自己的形貌是否安祥尊嚴、害怕殘留的遺憾與悔恨、對所愛的不捨、未了的心願、未解的恩怨情仇、及對死後世界的未知等。

有一位年近七十的獨居老人告訴我：「我對死亡毫無所懼，只有一點，我獨居一人，子女各忙各的家庭與工作，偶而才來通電話。若我哪天死在屋子裏，家人發

現時可能已經腐爛了。而且我房間反鎖，要進來也不容易，我最害怕的就是這點。」

從他的描述，可以知道人們對死亡的恐懼大致可以從「6W」角度來探討：

◆Why：害怕死亡的原因，是久病纏綿病榻呢？還是意外突然死亡？

◆When：死亡在哪年哪月哪天來臨，誰知道呢？

◆Where：死亡的地點是安穩的自家床上？醫院中？還是發生車禍在馬路上或飛機上？死後又會到那裏去呢？

◆How：死亡時的各種情境如何？

◆What：死亡時自己的身體、心理、靈性到底會發生什麼變化？

◆Who：臨終及死亡時，誰會在我身邊？他們在做些什麼？

就因為無人能預知並掌握此「6W」，才會產生「死亡恐懼與焦慮」。但是若人有深度的信仰，在活著時信靠上帝，時時祈禱，事事感恩，常常喜樂，與上帝連結，那麼他就會堅決相信上帝會在最恰當的時間，用最好的方式，接他回天家，與主永遠同在。在世時，若能日日生活在神身邊，他就會有足夠的安全感，「死亡」如同「老友」，在它面前輕鬆自在，自然地打破了「死亡恐懼」的迷思了。堅定的信仰就能活出耶穌基督所說的：「你們不要為了明天憂慮……你們先該尋求天主的國和它的義德，其他的一切自會加給你們。」（瑪631-34）。在世的日子敬天愛人，活得有意義，至於死亡，就信賴地托付給上帝了！

「死亡恐懼」是一個「集合名詞」，對不同的人各有其獨特的意涵，重要的是，每人要在有生之日規劃好自己的生死大事，儲備足夠且恰當的資糧，以因應這個生命中最重要的時日。深度的宗教信仰使人全然信賴上帝，在所有的「未知」之中，將自己的生命交託給上主的愛。本書中的生命案例，打破了「死亡恐懼」的迷思，每一位主角是如此安祥、被愛圍繞、甚至迫不及待地迎接死亡，因為他們在臨終與死亡的過程中，是緊密地與上主同行。例如最後一個故事〈回歸摯愛之人的所在〉中，老太太在病情惡化時，不斷地問女兒：「神什麼時候要帶我上天堂？我只想坐在耶穌的腳前，和祂在一起，對此生我已經不再眷戀，天堂的門在哪兒？我可以現在就去嗎？」恐懼是因為缺乏安全感，當人在活著時與創造自己的生命主宰親密結合，而且完全相信通過死亡，就可以歸回天父懷抱，與最愛的主耶穌永遠同在時，就有了全然的安全感，又何懼之有呢？

在我所照顧的臨終病人中，類似書中的案例頗多，有次我直接問一位五十六歲卵巢癌末期的天主教信仰女士：「妳怕不怕死？」她一秒鐘也不考慮地回答：「不怕！我要『回家』見最愛我的『爸爸』了，為什麼會害怕？」另一位六十四歲基督教大學教授，在癌症末期時告訴我：「我渴望一睡不醒，因為當我再度睜開眼睛時，會發現自己躺在天父愛的懷抱中。」至於「是否害怕獨自一個人死在屋中未被發現？」則「身體是個臭皮囊，管它的！我已經與主耶穌在一起，就心滿意足了！」

所以，深度的信仰使人具有充分的安全感，足以打破「死亡恐懼」的迷思！

二、善生、善終、善別的生命真理

本書中的案例在在說明了一個人要「善終」，就必須先「善生」；而病人若能「善終」，愛他的親人才得以「善別」。作者在講述自己父親的第一個故事中描述：「他一生熱愛生命，離開的時候我們雖然覺得難過，卻也覺得是個溫和自然的過程。那是因為他長時期與神同在，生活中點點滴滴都受了神的恩典滋養，才能達到那樣的境地。」這個真實故事淋漓盡致地表達了「三善」的境界。

三、人人需要「四道人生」：道愛、道謝、道歉、道別

在安寧療護的領域中，我們醫療團隊時常幫助病人與其親友在適當的時機，互相表達「四道人生」。本書也點出其重要性，甚至連三歲小兒也需要，例如在〈小天使布萊恩〉的故事中，三歲的小布萊恩常常坐在母親腿上，雙手緊緊摟住母親，一遍遍地說著：「跟妳說啊，我好愛、好愛妳！」也因為表達了這份愛，年輕的父母在喪失了獨子之後，才能從哀慟中走出來。

西方歐美文化對表達「愛」毫不吝惜，但在中華文化中，除了在戀愛中的情侶及孩子還幼小時，會自然表達「愛」之外，其他的關係很難講出口「愛」字，總覺得肉麻不自然。有一對結婚五十二年的老夫妻，妻子在過世前，應護理人員的鼓勵，向老伴表達了「我很愛你，你是我生命中最重要的人！」老伴泣不成聲地回應：「我一直以為妳對我是責任，但心理上並不在乎我，今天才知道妳是愛我的！」也因此有了力量去走晚年喪偶的孤獨哀傷路。

「四道人生」的順序每人不同，在〈站在水面上的人〉故事中，作者的公公最先做的是與親友「道別」；在〈名為寬恕的禮物〉中，梅瑞絲則是將與前夫的互相寬

恕原諒作為最重要任務；而「道謝」與「道愛」也需視時機而表達。只是在華人的文化中，最親的家人之間，最難表達的是「道歉」，於是病人帶著心靈的創傷逝去，親人也帶著傷痕過日子，問題永無解決。安寧療護團隊受過特殊教育訓練，就需把握契機，造就「四道人生」的表達，才能使生死兩無憾！

本書除了上述三項「通則」之外，是在台灣少見的臨終病人「靈性照顧」的好書，尤其針對基督信仰者，包括天主教與基督教，提供了許多寶貴的經驗分享。我個人認為應作為神學院的教材，以及神父、修女、牧師、執事等神職人員的牧靈參考書。當人與神親密連結，就會如同〈最後的祈禱〉中的傑恩一般，「在體驗自己被愛、被接納、被救贖之後，安然離去！」死亡啊！你的芒刺在哪裏？對有深度信仰的人而言，死亡絕不等同於失望或絕望，**因為出了死亡，就是永遠的生命，因而能帶著永恆的希望，喜樂躍龍門！**

（本文作者為國立成功大學醫學院教授、台灣安寧療護推手）

專文推薦

安然臨終，唯信仰而已

鄧世雄

「死亡」是人生最不容易面對、卻又最無可迴避的課題。

如何在人生舞台上從容謝幕，向所愛的一切告別，讓死者無懼、生者無憾，是門大學問；可惜的是，這些事在課堂上幾乎沒教過，在日常生活中也少有機會演練、學習，於是，往往要等到死亡迫在眼前時，才驚惶失措、憤怒害怕、遺憾悔恨！

這本「最後的40堂奇蹟課」的作者茱蒂·荷莉絲，是位擁有三十多年安寧療護經驗的資深護理師，她在書中記錄了形形色色的病人臨終前的反應，從中我們可以發現：要想安然步向生命終點，秘訣無他，唯信仰而已！

只有透過虔誠的信仰，我們對死後的世界才會無懼，對來生才有盼望，也才能以愛、平靜、希望來面對死亡。

（本文作者為天主教耕莘醫院院長）

專文推薦

瞥見天堂的影子

唐・派普（Don Piper）

我常常說：「天堂是一個真實的所在。」天堂不是一個概念，不是一個想法，而是真真實實的存在。

一位照顧臨終病患的護士，在她親身接觸的無數次生與死之間，見證了天堂的存在，還有什麼比這更有說服力的呢？本書作者茱蒂・荷莉絲全心全力投入安寧照顧工作，為生命走到尾聲的人們提供了完善而妥當的照顧，我不確定如果我做同樣的工作，能否像她一樣做得這般信實而無畏。

作為一位安寧護士，茱蒂在照護生涯中的所見所聞，很多都是人類既有認知所無法解釋的。在塵世生命過渡到永恆生命的神奇瞬間，她一次次地看到了神做的工。年僅三歲的孩子小查克，平靜地面對死亡，心中依然帶著對父母的愛，在小查克的身上，我們看到了感人的安慰力量。中年婦人萊諾拉看到大天使站在她的床尾，準備帶她回家，我們藉著她看到了天使。個性頑固而強硬的強尼，在生命的最後被神收留，在這個過程中，我們親眼見證了神的恩慈與仁愛。

如果你已經是信主的弟兄姊妹，這本書可以堅強、提升你的信仰；如果你還沒有信仰，只是好奇死亡究竟是怎麼回事，這本書中的真實故事可以為你指點迷津。本書為我們解開了發生在生命最後時刻的種種謎團，為我們提供真實的洞見。

書裡收集的真實臨終故事，為下一段生命旅程帶來了平靜、希望與詳和。我要謝謝茱蒂，讓我們知道天堂是一個真實的所在。我誠心地推薦本書，給每一位失去過親人的人、即將和親人說再見的人，以及想知道天堂奧妙的你。

我們會在天堂的門口相見。

（本文作者為美國牧師，暢銷書《去過天堂90分鐘》作者）

專文推薦

生命的最終追尋

鮑伯・羅修（Bob Losure）

在讀這本書的時候，我哭過，笑過，也想過很多……當然，也想到了我自己未來的那一天。

在書中，作者茱蒂描述她婆婆的那一篇，特別打動我。那時我的媽媽快八十九歲了，在生命即將終結的那幾天裡，她拄著外科手術植入的鈦金屬義肢，在居住的大廳裡來回走動，要找她早已過世的親生父母。在最後的那幾趟，她似乎真的找到他們了。我想，媽媽在尋找的應該是神吧，那才是她真正要追尋的。

本書收集的故事跨越了各種不同的年紀和世代。這也反映了一個問題，就是臨終照顧似乎占了愈來愈重要的位置。現在經濟全球化，我們每個人都可能到很遠的地方去工作，到頭來，我們身邊可能沒什麼親人陪伴：有些親戚和好友可能已經先我們而去，另一些親人好友可能搬遷至了遠處。這本書為我們描繪了一幅充滿希望的圖景，在生命的盡頭，在我們即將離開人世的時候，神自有辦法減少我們的恐懼、減輕我們的壓力，讓我們不必再擔心受怕。

關於死亡這件事，大概沒人比茱蒂看的更多了。這本書生動地描繪了這一情景。在書中，洛蘭小寶寶來到世上只有幾個禮拜的時間，她在生命的最後一晚同父母睡在一起，這個故事最讓我動容。小洛蘭是來自神的禮物，這個短暫而稚嫩的生命，與那些活了八、九十歲的一樣重要。

書中的故事都非常感人，每一篇都展現了信仰的力量和生活的勇氣。它們增強了我的信心，不管在最後的時刻我有沒有機會向所有朋友道別，但是至少神會看顧我，把我保護在祂的羽翼之下。

茱蒂講述的都是很棒的故事，有幸能讀這本書的人真有福份。

（本文作者為前CNN頭條新聞主播）

僅以此書，

獻給曾經居住於我們照顧中心的人，

他們是神派來的使者，

是他們教導了我們關於人生的這一堂課。

前言

很多年前，我在半夜時分去拜訪一位罹患絕症的人。當我走進他的房間時，他笑著指向床邊的窗戶，說：「我的窗前有位天使，茱蒂，妳看得到他嗎？」

聽他這麼說，我覺得派特大概離死不遠了，剩下的時間可能也不多，或許只有一、兩個小時。病人很平靜，也不擔心，只是眼前看到的情景讓他驚訝不已。我對他解釋說，神就要帶他回去了，所以讓他先看了一眼天堂裡的景致。他了然於心地笑了，似乎對這個說法完全同意。

因為他獨自居住，我答應會一直陪著他，直到天使帶他去天堂。我坐在靠他床邊的地上，握住他的手，等了約莫一小時的時間，直到他離開了，我才鬆手。

多年來，我的家人、朋友，以及照顧中心的病人，都和我分享了很多他們私人的瀕死經驗。這些經驗是生動而獨特的，他們願意這樣自信、開放地分享出來，唯一的原因，就是因為他們即將見到神。神對他們說話，要召喚他們回家。沒人告訴他們死亡將近，但是他們卻聽出、認出了神的聲音。他們打開了我常說的「靈性的眼睛和耳朵」，可以看到、聽見那些我們看不到、聽不見的。

對他們來說，這樣的經驗也是很特別的，而且這些經驗都反映了同樣的欣喜、愛，以及對自己生命即將步入尾聲的坦然接納。他們的分享，讓我們看到我們目前還沒見過、但以後都有機會見到的風景。每個人似乎都要打從心底接受他們看到或聽到的，才能平靜安穩地進入另一個世界。

在肉體衰退的時候，靈性的感知會變得特別明顯、真實，而且會忍不住渴求一個高於自己的存在。對生命即將走到盡頭的人來說，這樣的發展非常自然，但是說起來卻很神秘。如果有人願意聽，他們很樂意和周遭的人分享他們的感受，讓我們知道他們正在經歷的事，也希望大家了解其中的簡單與美好。

我們靈魂的暫時居所——也就是我們的肉體——在這個時候發生了什麼變化，這點沒人比正在經歷死亡的人更清楚了。如果可以靜靜坐在他們身邊，傾聽他們的疑問與看法，你就能應邀與他們一同分享下一段更棒的生命旅程。不需要隱瞞什麼，也不是想換取什麼，更不用去證明、或者失去什麼，這份分享的動機非常單純，就是要分享而已。接受了他們這些充滿祝福的特殊經驗，你也會有所成長。

看見已過世的親人或天使的影像、聽見美妙的音樂、個人受到撫慰……這些神奇的經歷溫暖了臨終者的心靈，他們分享的經歷讓我們省思，也為我們自己的生命提供了一個參照。這本書不是要為他們看到、聽到的事物下一個定義，而是提供一種可能，給我們一份盼望與期待，讓我們知道有一天我們要離開這個世界的時候，可能也會經歷和他們一樣的過程。

一開始，當我聽到我的病人或朋友在即將離世時，對我說「今天是我要走的日子」、「我看到我的名字被標記出來了」或者「我聽見他們在叫我」、「我兒子來陪我了，他說該輪到我了」……之類的話，坦白說，我不太理解。後來，有更多人說到他們在房間裡看到天使、已逝的親人來探望他們、聽到美妙的樂音或者聞到芳香的味道，我猜想這是服用藥物的關係，或者是因為他們身體陷入脫水狀態、過於疲憊所致。這些景象怎麼會是真的呢？但是，其他沒有服用藥物、沒有脫水的人，也看到了同樣的景象。於是，我開始把他們的話聽進去，真正聽進心裡去。

他們口中所說的天使，通常身高兩公尺四，男性，穿著一身白，比他們見過的任何人都豐神俊美，他們也常用「閃閃發光」來形容天使，好像世上再也沒有任何詞彙足以描繪那樣美好的存在；而他們聽見的樂音，也比任何在人世間聽過的更悅耳動聽，而且他們會一遍又一遍地說，天堂的色彩非常漂亮，美到無與倫比。

我有個想法，就是他們過世的時間點，可能和我們認定的時間點不一樣。其中的原因我一時還不明白。似乎在他們真正回到神的身邊之前，他們會在這個世界與下一個世界之間來回往返，看透神希望他們看透的事實。

我的很多朋友都是醫師和護士，他們常常對我說，傾聽與了解重症患者和瀕死病人所說的臨終經歷，對我們醫療工作者來說是一大安慰。有幸陪伴他人走過死亡的人都會有一個體認，那就是這個世上有一位神聖的存在，是祂擬定了我們人生的時間表。

曾經有位病人，之前非常害怕死亡，在自覺死亡將近的時候，他讓我扶他坐起來。在最後的時刻，他對我說：「茱蒂，這真是神奇的時刻啊！死亡好像是從客廳走進餐廳，沒有結束也沒有開始，只是一個**轉變**。」他說這話時，我正按著他的脈搏，愣愣地對著自己手錶計算他的心跳。他像一個重病之人那樣笑了笑，然後閉上眼睛，離開了人世。

看到病人進入天堂的那一幕，會給人很多啟示，也會讓人重新思考關於死亡這件事。臨走的人有那麼多寶貴的事物可以告訴我們，那是生命中最重要的的最後一堂課。我們真應該細細傾聽。因為在這些時刻，我們正佇立在聖地的邊緣，怎麼能錯過任何一個領受的機會呢？

附注：在本書中，故事主角的名字、病症，以及個人經歷都經過了一些改變，以尊重個人隱私。除非有些家屬特別提議，要我使用往生者的真名，我才保留原名。特此申明。

坐上天堂的看台

「馬汀剛才跟我說，是該走的時候了。」

我父親是個高大慈祥的愛爾蘭人，六十八歲的他一生平順，也善待他人。一九七三年父親節那天，和家人在南加州的海邊度假時，我打了個電話回去，他在電話裡對我說：「別太晚回來，我的時間不多了。」

父親在幫母親移動室外的雕像時，摔斷了一根肋骨。之前，他一直有不明原因的疼痛，便在這回受傷之後，花了四個禮拜做徹底的檢查。結果診斷出他罹患了多發性骨髓瘤，而且已經擴散到骨骼，做斷層掃描時，還在左腎發現另一顆大腫瘤。醫師說，父親只剩下一年不到的時間，若不動手術，時間就更短了；但是若動手術，又會面臨失血過多的危險。

父親的時間確實不多了，對此，父親自己最清楚不過。雙親的日常起居由我們四個女兒輪流回去照應。對我們四姊妹來說，父親是世上最好的男人。他熱愛生活，愛爾蘭式的幽默是取之不盡，而他對母親的愛則是用之不竭。母親是他一生最牽掛的人，過去是，未來也是。在所剩不多的日子裡，讓他掛心的依然是母親。

一天，四位醫師圍在父親的病床邊，討論著該如何治療。父親轉身對我說：「寶貝，你說他們有辦法讓我好起來嗎？」

「有些難吧，」我說：「我想他們做不到。」

「那現在就帶我回去吧！」他說，口氣無比地堅定，好像要讓大家清楚知道他的決心。我們就照他的意思做了。

父親一向是個很健談的人，他喜歡分享自己的想法和看法，也樂於聽取別人的。作為紐約市勞工領袖和工會協調人，他會聽取勞資雙方的意見，瞭解他們的心思，並將不同人、不同的想法整合在一起。他時常惦記著身邊的熟人和生意上的朋友，還有那些他曾經共事過，可是卻汲汲營營、閃躲諉責的人，他常笑著調侃說，等他將來坐在天堂的露天看臺時，不知道那些人得著包廂座位的機率有多少。他這麼說不是要論斷誰，只是極其幽默地思索各種可能，並且大聲說了出來。

他喜歡重述耶穌講過的一個故事，就是一位葡萄園主，在一天的不同時間分別雇請一些人到他的葡萄園工作，但是在一天結束時，他卻給不同時間進來工作的人一樣的酬勞。做為勞工領袖，父親最關心的是同工同酬，所以他會質疑耶穌這樣做到底對不對，並認為一個好的工會組織應該為這些勞工爭取不同的薪酬。不過這些他都是半開玩笑著說的，因為他知道耶穌以祂的寬容慈愛，定奪事情自有祂的方式，這也給我們上了很好的一課。父親一生所思所想，成了我們早期教育的基礎，而他講的故事總是又特別、又有趣，成了我們幾個女兒最重要的教養來源，對我們的成長有著重大影響。

父親的身體一天天衰弱，有個早上，我用心地幫他刮了臉。他望著鏡中的自己，對我說：「我看上去不像是個快死的人吧，是不是，寶貝？」

「是啊，爸爸，你一點都不像。」我說。

「我真的不怕這一天到來，妳也知道。我都預備好了。只是要離開妳媽，這讓我很難過、很捨不得。答應我，要保護好妳媽媽，好嗎？她人那麼好，誰也不可以讓她傷心、讓她難過。」

父親關心的永遠不是自己，而是別人：軟弱的人、不幸的人、孤單無助的人。即便是快要辭世的前幾天，他掛念的依然是他一生的所愛，希望自己不在的時候，她仍然受到保護，安全不受傷害。他就是這樣的人。

那段日子，父親常常與我聊到即將到來的死亡，雖然當下我並未完全意識到這一點。他的時候快要到了，就像所有要遷往新世界——也就是我們所說的死亡國度——的人一樣，他感覺得到，他心知肚明，不需要什麼人來告訴他。神已經為他預備好了。父親傾盡一生時間期盼受到聖神的保守和指點，而這時聖神便為他扮演了重要角色，幫助他洞悉死亡的真實意義。這讓父親看上去非常平和，好像死亡是位瞭解他的老朋友，而他在老友面前也很自在。看到父親如此坦然，不由讓人心生敬畏。

「你知道，有時候我也不同意你說的，」一天我們父女倆獨處時，我對父親說：

「但我卻是一直愛著你的，尤其是我們意見不合時，你會堅守立場、告訴我實話，不管我愛不愛聽，這是我受益最多的時候。」

「你會不同意我，是因為我們太像了。」他說，給了我一個大大的笑容。在體悟同一個道理時，我們常會因為領悟的時間點和領悟的方式不同而產生衝突，但這正是我們彼此相像的地方。「所以，常常我還沒開口，妳就知道我想要什麼。」我幫他替換腳部的靠枕時，他補充說道。

父親常常用一個微笑，或者輕拍一下，就讓我們明白他的心意，也了解到他心目中有多麼看重我們。他是一個多麼良善而真摯的人啊，我心想，他現在要離開我們到神那裡，到他一輩子帶著確定、帶著平和而熱切追隨的神的身邊，這似乎是再自然不過的事了，可以說是最好的結局吧。

接下來輪到瑪姬來照顧父親了。瑪姬身材嬌小，從前父親就因為瑪姬個子小，對她特別疼愛，加上她生性調皮，比同齡的人晚熟一點，在她長大之後，父親總喜歡把她小時候的糗事拿出來說笑。輪到她去照顧父親時，變成她來逗父親笑了。她說著自己的一些事，告訴父親是因為他，她才成為現在的樣子。

在父親過世的那個早上，父親對瑪姬說：「瑪姬啊，馬丁剛才跟我說，是該走的時候了。」馬丁．肯恩是父親相交四十多年的老朋友，過世還不到一年。父親提到馬丁的事情時，態度非常平和，好像看到已逝的老友是件稀鬆平常的事，沒什麼大不了的。他這麼平靜地說出來，是想讓瑪姬瞭解，他已經做好**去另一個世界的準備**了。

父親是個很體貼的人，他瞭解他的每一個女兒，也非常疼愛我們，所以即使他知道自己時候快要到了，他還是會先顧慮我們的感受。他會選擇用這種方式告訴我們，是因為他知道這種說法最容易讓人接受，也最能撫慰我們的心。

大姊莫瑞恩和父母同住，她的工作理念是父親非常讚賞的。「在工作上，妳付出的比誰都多，但卻從不抱怨。」父親常對大姊這麼說。大姊和父親一樣，堅持原則，有很強的責任心。在大姊看來，父親活出了神的精神。「他不單單是嘴上說，」大姊解釋：「在每一天，在對周圍的每一個人，他都體現出神的真義。」

么妹安妮也常常陪在父母身邊，隨時照顧他們。家裡什麼壞了、缺了什麼，都是她去打點好，而做了這些，她也從不掛在嘴上。父親總是喜歡「安妮寶貝蛋」陪在身邊，可見安妮的貼心。

父親一輩子都是以別人為優先考慮，即便到了現在，他也依然如此。這段時間裡他教給我的一切，讓我準備好迎向未來的臨終照護工作，若非如此，我永遠也學不到。父親在離去前所表現出的溫和平靜，讓我體會到神的慈愛與體恤，也讓我看到，當神準備要接自己的孩子回天堂時，祂仁慈的手會輕撫著祂所愛孩子的靈魂，**給他們的心靈最溫柔的照護**。父親堅強的個性，對我們的信任與慈愛，讓我一生感激受用不盡。

診斷出癌症的六個禮拜後，有一天，父親窩在床上靜靜地躺著，母親陪在他身邊。他忽然轉過身，對著母親說：「我愛妳，佩姬。」然後他緩緩地呼出最後一口氣，結束了他在地上的旅程，回到了永恆世界裡。

他一生熱愛生命，離開的時候我們雖然覺得難過，卻也覺得是個溫和自然的過程。我想，那是因為他長時間與神同在，生活中點點滴滴都受了神的恩典滋養，才能達到那樣的境地。

父親的一生跟隨神的腳步、與神交流，遇上困難的處境時也尋求神的幫助，才能讓個人生命有這樣的成長與完善。我的祖父早逝，父親一肩承擔著照顧祖母和其他兄弟姊妹的重責，結婚後，他疼愛、敬重我的母親，把我們四姊妹養育成人，終其一生照顧著家人。父親的一生，反映出了神的精神。

在每一件事上，他都尋求神的旨意，現在他更是全身回到一向信靠倚賴的神的身邊。他一生教會我們許多事，而他坦然回到另一個世界的歷程，教會我們的更多。我永生難忘我的父親。

最溫暖的接觸

「為什麼神給我的日子，比醫生診斷的長？」

瑪莉是個富裕的投資經紀人，結了婚沒生孩子，她的世界就是參加鄉村俱樂部，出席各類社交場合，過著有錢人的生活，和我的生活截然不同。

有天一大早，她來敲了我的房門，逕自坐到我家的客廳。在經過我身邊時，她說道：「聽說妳父親最近過世了，」她邊說，順手遞了一個用面紙包著的銅敲門給我。「所以我帶了這個給妳。」

那天早上，瑪莉的態度讓我覺得很不舒服，我不知道她為什麼要送我這個，也不想接受她的小禮物。後來我才想到，這個小銅器意謂著「敲門」的意思。

坦白說，我不太喜歡瑪莉，她是個強勢而外向的商場女強人，我和她沒一點共同之處。她為什麼要來找我呢？

「我想聽聽妳父親的事，」她說。「他得了什麼病？他說了些什麼？怎樣過世的？通通都說給我聽吧。」

她劈哩啪啦的提問，讓我很不舒服，甚至有些生氣。但我心裡又隱約覺得，或許這件讓我不解的事，是神要我經歷，並且從中學習什麼的吧——即使我實在不太清楚究竟能學到什麼。那時我想，或許瑪莉的出現是神的安排，時間久了，意義就會自然清晰起來。

果然，過了一陣子，在不知不覺間，我們就成了好朋友。神會把祂希望我們瞭解的事物，透過其他人來給我們啟示。

瑪莉常常來我家，她總是問到生命的意義，關於活著究竟是為了什麼，她也會問有關神的事情。「書上都是怎麼說的？妳是怎麼知道，又是如何找到神的？」瑪莉求神若渴，總是一口氣問出很多問題。看她的樣子，她似乎想趕快瞭解許多事，而且希望可以在極短時間裡弄明白。

有一回當她又來我家時，她才透露，原來她罹患了癌症，而且無法開刀治療。也因此，她才想結識曾經目睹過死亡發生的人，她想知道這個過程是如何發展的，在一切的背後又**有什麼意義**。這個商場女強人，連面對死亡這件事，也依然用她一貫的研究、規劃態度來看待。然而，是神無形的手在她身邊安排了人，讓她身邊的人能夠引領她認識神，也見證了她努力走過生命最後一段路的光彩，並從她身上獲得新的領悟。作為參與這個過程的人，在欣慰之餘，我還有深深的感動。

瑪莉的診斷並不樂觀。原發癌症在乳房，迅速擴散到肺部和胸腔內壁。醫生當時說只有四個月的時間，後來她過了兩年半才過世。這兩年多的時間，她要對抗癌症，還要尋找神，一邊是辛苦，一邊是滿足。我更清楚感受到神對瑪莉的愛，並且期待她逐步認識神的用心，以此作為她漫長而神奇道路的開始。每回去看她，都好像是去一座聖所。進門時，我會先脫鞋，就像我要去的是一處潔淨的神聖之地。瑪莉在尋求神的過程中，在很多方面經歷了神，處處體現了神的恩典。

很長一段時間，我幫瑪莉祈禱時，內容都是：「神啊，請用祢的手環繞著她，讓祢的愛溫和地環繞在她周圍，讓她知道，在祢身邊是安全的。」

有天我去看她的時候，瑪莉提到她最近親身體驗的一段神奇經歷。

「我絕對沒有睡著，」她特別解釋道。「當時我還醒著，我看到某個人走進我屋裡，把他的手放在我旁邊，我覺得又安全又溫暖。」

「一定是耶穌。」我對她說。

「不，不是的。茱蒂，是妳啊！」她說，露出了可愛的笑容。

她這麼說是什麼意思呢？我在心裡琢磨著。是神要藉由我們這些零碎的瓦片來看望祂的孩子嗎？又是什麼讓信靠者可以如此確定地回答，親身來探訪的就是祂呢？好像祂在拍著我們的肩膀，說：「妳認得出我來嗎？」

這是我第一回見證到，當我們的神要親自帶祂的孩子回家時，會先和孩子進行一次**溫暖親密的接觸**。

後來瑪莉問起，我有沒有牧師朋友可以過去探訪她。我立即回答她，有的。雖然我們常常聊到神，以及祂在我們生活中的位置，但是我們並沒有說到禮拜堂和宗教。聽見她主動提起，我又意外又高興。於是我找了一位非常年輕、非常優秀的牧師，他剛剛任了聖職。年輕牧師很高興受到邀請，常常前去瑪莉家裡，坐在她的豪華大床上，聊著他對神的認識以及神的愛與慈悲。他們彼此分享對神的瞭解，還有體會到的恩典，兩個人似乎都很享受這一過程，當中的喜悅不分軒輊。他們常常就這樣聊到深夜。誰是安慰者？誰是受撫慰的人？我覺得這都已經不再重要了，我只為可以見證到這樣一段友情的展開，而倍感歡喜。

神愛護祂所造的每一個人，也希望祂的孩子可以認識祂。祂對孩子們的希望是，在地上的時候能過得平靜，受到召喚時能歡喜地回到祂身邊。如果我們曾經去注意，就能體會神對我們的用心，祂也給了我們充裕的時間，讓我們從日常生活的點點滴滴中，瞭解這一切。瑪莉天生充滿好奇心和決策力，這讓她成為商場上的贏家。神也讓她用同樣的好奇和果斷，來尋求、發現祂的存在。

有一天瑪莉問我，為什麼神給她在世上的日子，要比醫師診斷的長？我說，可能是神想給她足夠的時間，讓她可以認識到祂。

「那麼，妳尋求到祂了嗎，瑪莉？」一天晚上我問她。

「啊，我找到了。」她帶著職場上一貫的自信說，但是這一回，她臉上多了平靜和滿足。

自瑪莉第一次來找我，轉眼間過了兩年半。那年聖誕夜的晚上，一群小朋友站在她臥室的窗外唱起了《平安夜》，又一次，神的存在與對她的愛，活生生、不容質疑地再現在她面前。那群唱聖歌的孩子好像是天國的小天使，而瑪莉就是在當晚受洗的，施洗牧師就是她熟悉而欣賞的年輕牧師。

再一次地，神透過一個安慰她、指點她求神道路的人，親臨到她的生活之中。第二天耶誕節早上，瑪莉平靜地回到神的懷抱。

站在水面上的人

「妳有沒有想過，他見到的是耶穌？」

公公婆婆在電話裡的聲音有些慌亂，有些難過。公公被診斷出罹患了胰腺癌，而且已經擴散到了肺。我和我先生都非常疼惜二老，希望盡一切力量，讓他們安度眼前的這段日子。公公說，在最後這段時間裡，他希望和唯一的兒子和長孫一起住。

「我們可以過去和你們一起住嗎？」他們問。

「沒問題。」我們立即回答，但是其實心裡還一團亂。

當時我已經做過二十五年的護士了，但從來沒有照顧過自己家的重病患者。我們諮詢了一位開養老院的朋友，還請教了資深護士多緹，做了好些準備。多緹也幫忙擔任我們家庭成員的護理顧問。

公公和婆婆搬進了我們的主臥室，帶了一張超大號的床，還有紅地毯，一張搖椅放在臨窗的位置，剛好可以遠眺窗外的一潭湖泊。他們搬來之後很自在，不是因為這裡是他們的家，也不是因為這裡是我們的家，而是在這裡，心有安頓的感覺，在這個屋簷下的人都有這樣的感覺。

許多個晚上，我們一家人聚在紅地毯上，吃著義大利麵配烤雞，還有冰淇淋。順道經過的朋友也會進來坐坐，彈彈吉他、唱唱歌，歌聲有些走調，也沒人在意。有些朋友來，只是握住公公的手，幫他禱告，這時婆婆可以偷空去洗一下頭。

在有朋友相聚的時候，公公會從他的臥床上朝外看著大家，說道：「應該常常聚聚的，這樣才好。」可以待在家裡，和至愛的家人一起，公公感到非常窩心。他一輩子就是這樣，過著簡單、安靜而平穩的生活。他從不提到自己的病，和即將離開人世的事。這不是他的個性。可以和家人待在一起，受到很好的照顧，對他來說就已經很滿足了，也不再擔憂其他的事。

我們教區的新任神父賽謬斯・奧費恩也來我們家，到主臥室去探訪公公婆婆。

賽謬斯神父以他一向溫和親切的聲音對兩老解釋說，公公回去見神的時間可能近了。公公默默聽著，然後把手指上的戒指褪下來，溫和地放到婆婆手上。

四十四年前，他娶了這個漂亮的女孩，成為他的愛妻和生活伴侶，在她的陪伴下，走過生活中的困難和疾病。每天日落的時候，一身疲憊的他回到婆婆身邊，家裡總是生著火，爐子上燉著熱騰騰的食物，撫慰了他一整天的勞累。婆婆所說的話語，總是帶給公公貼心的安慰和歡樂。「這回也會熬過去的。」他說，儘管他心裡知道這回是熬不過去的。公公默默接受了即將和婆婆離別的事，他們一起生活了這麼久，很多事情不用言語，他們也彼此相知。

一個禮拜天的下午，我的先生喬治陪公公坐在臥室裡。公公念起了一長串的人名，那些都是他在紐約一家老式的自助餐廳「霍恩及洪達」工作多年的老同事、老朋友。「記下他們的名字、電話以及地址，」公公說：「把我的近況告訴他們，該說的就說吧。」

喬治帶著這份名單離開了臥室，這上頭都是他父親一輩子最重要的朋友同事，他開始逐一聯絡。公公把這件大事交給喬治，相信他一定會幫忙聯絡好的。當喬治又回到臥室時，公公想瞭解每個人知道後說了什麼，一邊確認喬治有沒有把他的意思表達清楚。接下來他陷入回憶裡，開始講述過去四十年來所有工作與生活上快樂的片段。喬治簡單清楚地轉述了大家的回話，告訴父親說，大家都記得他給他們帶來的一切，他們都非常愛他。這是公公走出的沉重第一步，他開始**和朋友道別**。

接下來的幾週，我們家非常熱鬧，公公被友愛和歡笑包圍著。朋友們都過來看他，帶著特產，唱著歌，回憶他們的過去。公公的堂弟喬伊和公公處得很好，兩人好像親兄弟一樣。喬伊來的時候說起以前家裡舉辦的舞會，我們都印象深刻。喬伊的女兒珊德拉——也就是公公的侄女——在她十四歲喪母後，便由我公公撫養長大，她對公公非常感恩，特地來對公公說，她從過去就一直敬愛著他。

公公並非出生有信仰的家庭，是後來才信了神。他在生命中活出了信仰，從不炫耀什麼，也不抱怨什麼。我的小姑潔妮特常常陪著他們，她每天為公公婆婆所做的事，是他們的一大安慰。她對公公解說神和神的愛，被我們稱為「信仰速成課」。公公聽著聽著，常常轉頭對著婆婆說：「妳信這些嗎，孩子的媽？你信？是啊，我也確信無疑。」

公公的體力很快就變差了，最近他常常坐在搖椅裡，眺望窗外的湖水。公公過世的前一天晚上，丹．羅根神父過來看我們需不需要他幫忙。他來得正是時候，因為就在這時，公公說他想去躺椅上，單靠我們幾個還真沒辦法。在羅根神父幫忙下，才把公公移到了躺椅上。我們後來想到，是不是公公在冥冥中知道自己要去天上的時刻到了，所以不想在我們床上闔眼。公公總是為別人考慮得極為周到。

「站在水面上的人是誰？」他說，指著窗外的湖面。

「那是楊柳的垂枝。」我說。

「柳樹我知道，」他笑著回答。「我是說樹下站著的人，水面上方，那是誰？」

我往外看，沒見到什麼人啊。

當天晚上，我帶我最小的孩子肯上床時，對他說了阿公的事。

「妳有沒有想過，他見到的是耶穌？」

「我不知道耶。」我說。

後來去服侍公公時，我轉述了肯的話：「肯說，他想知道阿公今天在樹下看到的是不是耶穌？」

「**當然是**，親愛的，還會是其他的嗎？」公公答道，他的語氣中帶著確定，好像在說一個事實。這是我在即將離開這個世界的人身上常常見到的。他們似乎張開了靈性的眼睛，打開了靈性的耳朵，聽到、看到了我們聽不到、看不見的景象，而他們也樂於與他人分享。

又過了幾個小時，公公就過世了，就坐在臨窗的躺椅上，面對著他看到耶穌的湖面。家人一一上前去和他道別。當公公呼出最後一口氣時，他的太太、兒子、女兒還有媳婦我，我們都意識到他要走了。當時凌晨三點。說不上什麼原因，但是我覺得當大家靠在公公的躺椅邊，擠在超級大床上時，沉沉入睡的感覺竟然有幾分安慰。

我會特別記得這個時間，是因為我們打電話給公公的護士多緹時，她說：「老人家是在凌晨三點走的吧？」我們問她是怎麼知道的，她回憶說，三點的時候她突然醒了，聽見一個聲音說：「**我來帶我的信徒老喬治**。」

我的工作就是照顧臨終的重病患者以及他們的家人，所以像多緹說的這種話，我聽過太多了。在過去，對於這類說法我常常一笑置之，然而三十多年下來，我慢慢發現，這些事就跟你在生活中經歷的其他事情**一樣真實**。

我的公公行事中規中矩，是個內向而和善的人，他對家人照顧得非常周到。對他來說，活著簡單就好，去另一個世界時也是一樣。被家人的溫暖包圍，他感到非常安心。帶著簡樸和優雅，他走完了自己的一生。不管在世上的時候，還是在離開的時候，他都同樣沐浴在神的恩典中。

父子再會之日

「我兒子在這裡陪著我呢，他邀我同他一起走。」

弗蘭克死於肺癌時，是六十八歲。他娶了珍妮為妻，婚姻生活美滿，一輩子富足而快樂。剛開始診斷出癌症時，他和家人都非常震驚。因為他看上去很健康，只是稍有不適，一檢查竟然是癌症。

即將要離開結婚多年的太太，他是滿難過的，但是他本性是個隨和悠閒的人，所以他和太太都平靜地接受了他罹患不治之症的事實。當然還有一個原因是，他和太太都曾經以另一種方式接觸過死亡，這是我後來才知道的。

在診斷結果出來的幾個禮拜後，弗蘭克一臉正色地對我說：「我兒子約翰在這裡陪著我呢，他說我出發的時候到了。妳看得到他嗎？就在那邊的一張椅子上，他邀我同他一起走。」

我是在這時才知道，他唯一的獨子很多年前死在越南。現在弗蘭克坐在床上，一點也不像面臨死亡的人，看到兒子似乎讓他很高興、很開心。我回答說，我看不到，並請弗蘭克說說他兒子長什麼模樣。弗蘭克說，兒子穿著軍裝很帥，和過去一樣又年輕又英俊，而且約翰要他放下一切，和他一道走就對了。

弗蘭克和他的獨子感情非常好，也很信任他，因為知道兒子要來接他，他看起來一點也不擔心自己即將離開的事。想到可以父子重逢，他臉上一片喜悅。信仰幫助他們瞭解到，之後一家人就會在天堂重逢。人們不會獨自面對死亡，因為**神會派我們喜愛的人來陪伴我們**。

在照顧弗蘭克的幾週裡，我驚訝於圍繞在他和他太太身邊的平靜氣氛，他們全然接受了弗蘭克病重的事實，接受了不遠處的死亡，把握住最後的時光，滿足地度過剩下的每一天。

這對老夫妻非常疼愛多年前過世的獨子，而對神的信仰讓他們知道，他們會在天堂重逢。自己的先生即將離世，弗蘭克的太太雖然感到難過，但想到是獨子約翰來接父親回去，她就感到非常寬慰。

這次談話之後，不出幾天弗蘭克就過世了。在睡夢中走的，他沒有絲毫抗拒，平靜地走向下一段生命。

小天使布萊恩

「跟妳說喔，我好愛、好愛妳。」

布萊恩年僅三歲，是一對年輕夫婦的獨生子，年紀小小，卻患了白血病。

為了治好小寶貝的病，父母遍訪名醫，想盡一切辦法。他們是如此地疼愛這個孩子，完全不能忍受要和小寶貝分開，一家人好像是一個愛的合成體。三歲的布萊恩，有著超齡的智慧和幽默，父母給他的愛，他會盡可能地及時回報回來。

他正處在「三歲貓狗嫌」的年紀，也和其他同齡小孩一樣，讓大人傷透了腦筋。但是他那雙明亮閃動的眼睛，卻可以消彌大人一切的煩惱。這個可愛與可惱是如何交融在一起的，對我來說真是個解不開的謎。

布萊恩常常坐在母親腿上，雙手緊緊摟住母親，一遍遍地說著：「跟妳說喔，我好愛、好愛妳。」聽見這話，他母親總是透過淚光微笑著。她也全心珍愛著布萊恩，無法接受他即將離去的事實。她不太相信死後的世界，也不確定是否有來世，因此對她來說，失去便是失去了。

但是，之後的經歷，讓她擺脫了這個想法。

不管出現在哪裡，布萊恩總是成為大家關注的焦點。他純真的笑容、頑皮的眼神、小小的堅持，讓每一個和他接觸的人：包括家人、朋友、醫師、護士，無不為他折服，真心喜歡上他。

他也是個聰穎的小孩，對人、對事都有著超齡的早慧。幼稚園的老師曾經佈置了一項功課，要三歲的孩子們製作一本食譜，把自己最喜歡的食物分享給大家。布萊恩的食譜上寫著：「第一，先把椅子拉到桌邊；第二，想盡辦法站上椅子；第三，拿起話筒，打給達美樂披薩。」不用說，這本食譜很搶手。但是更重要的一點是，這反映出布萊恩的個人特質，以及他對周遭人們特殊的吸引力。

布萊恩深愛著他的父母，好像把一生的歡笑、眼淚、關愛和依戀，通通濃縮在短短的三年裡。他養了一隻狗和兩隻貓，分別取名為：伙計、小跟班、小甜心，只可惜寵物的體型稍大，不能帶來醫院陪他。布萊恩知道我家的狗帕基尼斯剛生了小狗狗，我便答應他找一天帶小狗狗來給他看。

有天晚上，我把小狗狗藏在手提包裡，悄悄帶進了醫院。那時布萊恩已經睡了，我把小狗塞進他的臂彎裡，讓小狗的頭依著他的脖子，他一手緊緊抱住小狗的頭，另一手摸索著握住狗狗搖晃的尾巴。閉著眼睛的他笑了，這張睡夢中的笑臉讓我一生難忘。

有一天我去探訪他，回家後我坐在桌邊喃喃問道：「布萊恩究竟是個怎樣的小孩呢？」然後我順口吟了一段小詩（在本文結尾處我會附上）。多年之後，認識並喜歡上布萊恩和他父母的醫師、護士、社工人員跟我說，他們把這首詩裱了框，一直掛在辦公室裡。布萊恩就是這樣有魅力，讓每一個見過他的人都難以忘懷。

「掰掰，把拔。」每回父親過來看望他後，要離開去工作時，他總是一遍又一遍地說再見。道別的話語，在此時有著特殊的意義。

在醫院的一個晚上，布萊恩要爸爸把剛剛送來的氣球束送給走道對面的女孩，她剛被確診為白血病。有些模型車用膠帶固定在天花板上，布萊恩也讓爸爸取了幾輛下來，他一一想好，哪部車該送給哪一位醫院裡的小朋友。最後，他送走了全部的汽車和卡車玩具，好像冥冥之中已經知道自己即將離開了。

一天晚上，布萊恩躺在父母的懷裡，就這樣安靜地走了。他留給父母的傷痛簡直是沒有邊際，在這個時候，也只有這對年輕夫妻之間深厚的情感，才能幫助他們相互扶持著走下去。布萊恩讓這個世界瞭解到什麼是單純的愛，什麼是單純的快樂，只可惜他走得太早了。

在他過世一週年的紀念日，我送了紅玫瑰給布萊恩的母親，現在我們已經成了好朋友。她來電致謝時，提到前晚她做的一個夢。在夢中，她在深及大腿的沙地中走著，放眼所及都是黃沙一片，腳下是步履維艱。然後她看到了遠處小小的光亮，於是她便朝光亮處走去。愈走愈近時，沙變淺了，淺到只是在腳下有些流沙，光亮處依然遙遠，但是她看得出那裡是一處帳篷（就是露營會用的那種）。她說，走到帳篷面前時，她掀開了帆布簾，朝裡頭望了望。「妳猜我看到什麼了？」布萊恩媽媽問。

在我還沒來得及回答之前，她就繼續說道：「一位漂亮的女人懷裡抱著一個孩子，女人滿足地笑著。」

之後我們聊起了猶太文化習俗，在希伯來聖經裡，帆布帳篷就是神的居住之地。透過她的傳統文化系統，神讓她瞭解到，她的兒子被安頓得很好，這讓她得以寬心。

布萊恩的母親說，兒子過世後，她看過很多書，聽過很多人的勸，沒有一樣像這個夢境一樣給了她平靜與安慰。「小布萊恩現在很安全，也受到疼愛。」她非常確定地說。

看著孩子受到病痛折磨，之後又是喪子之痛，這其中的傷痛是難以訴說，也是外人難以瞭解的；而這個特別的孩子，他留給身邊每一個接觸過他的人的，也是同樣難以細數。他幼小而短暫的生命，讓每一個曾經與他相處的人，都有所受益。他也讓我們心懷謙卑地想，當有一天我們離開人世，我們留給這個世界的有沒有比他短短三年留下的更多。

有個小孩名叫布萊恩，
他善良可愛又智慧，
溫柔有趣又純真。
他心軟思敏好獨立，
小貓小狗蒙他恩。
有個小孩名叫布萊恩，
他純樸天成，友善天生，
生來只為愛人感人和暖人，
因他周遭蒙天恩。

等待的人

「你終於回來了。我現在可以放心地走了。」

葛勞瑞爾老奶奶八十七歲了，是一個非裔家庭的大家長。她住在靠近高速公路的林區小屋裡。在這間小木屋裡，她養育了一大家子人，由於他們用心維護，小木屋依然屋況良好。因為她的用心管教，葛家的孩子們都接受了高等教育。這一家人信仰篤實，常去教會，勤唱聖歌，嚴守聖經上的律令，可說是一個「充滿恩典的信仰之家」。

第一次去，我就發現葛奶奶是一家之主，在家裡她說什麼，大家都聽她的。那一大家子雖然知道葛奶奶體力漸衰，但他們卻發現自己有很多事都離不開她，離了她總是會有些人、有些事不對勁，所以他們總是聚在她周圍，照她期待地把事情處理好，讓她滿意。

有一次，葛奶奶有三天沒有吃喝，也沒有排泄，連呼吸也極微弱，那一家人誰也沒離開她一步。當晚我也待到很晚，擔心她隨時要撒手。但是與我們擔心的相反，葛奶奶似乎另有打算，她還不準備離開。

一家人為她唱起動聽的讚美詩歌，念著她喜歡的經文，為她感謝神的恩典。他們臉上的悲喜讓人動容，而他們在經文方面的修養也看得出葛老奶奶平日裡的教導。可是她在等待誰呢？是什麼事讓她放心不下呢？我暗自想著。當她的家人要我為她祈禱時，我念了〈聖詠集〉（詩篇）二十三篇[1]，有些段落還靠他們一家人提醒，他們對這首都很熟。過了午夜之後，葛奶奶還是一樣的情況，沒有改變。我便先回去了。

第二天早上八點，我又去他們家。「去看一下奶奶再走。」我在前門停車時，他們這麼對我說。

前三天幾乎沒有任何反應的老奶奶，今天早上在床上坐了起來，臉上還帶著滿滿的笑容。今天的她顯得特別精神，也特別清醒。「妳昨天為我禱告得真好，親愛的。」我進房間時，她說。看來昨天她心裡都清楚發生了什麼，只是沒有表現出回應。

突然間，前門處傳來一陣騷動和興奮。「他來了！」葛奶奶一臉期待地看著走進來的人，那是她的長子，這個她一直等待著的人終於回來了。

「我來了，媽媽。」高大帥氣的男人柔情地彎下腰，擁抱並親吻了葛奶奶。

葛奶奶把頭枕靠到枕頭上，望著自己最大的孩子：「你終於回來了。我現在可以放心地走了，再見。」說完，葛奶奶就閉上眼睛，離開了。

我在一旁默默看著，說不出話來。原來葛勞瑞爾是一直等到可以接手處理一切的人回來了，她才放心地離開。長子是可以接替她的位置，保護和指點這個大家庭

1 聖詠集（詩篇）二十三篇文字優美，深受許多基督徒的喜愛。在此附上全文：上主是我的牧者，我實在一無所缺。他使我臥在青綠的草場，又領我走近幽靜的水旁，還使我的心靈得到舒暢。他為了自己名號的原由，領我踏上了正義的坦途。縱使我應走過陰森的幽谷，我不怕凶險，因你與我同在。你的牧杖和短棒，是我的安慰舒暢。在我對頭面前，你為我擺設了筵席；在我的頭上傅油，使我的杯爵滿溢。在我一生歲月裡，幸福與慈愛常隨不離；我將住在上主的殿裡，直至悠遠的時日。

往前行的人，長子知道，葛奶奶也知道。葛勞瑞爾把一個大家庭交到一位「好手」手上，把一切都安頓好了，正如她生前喜歡把一切打點得穩穩當當。

在葛勞瑞爾的生命裡，家庭的長幼順序、家長的威嚴與責任都一樣重要。她剛出生不久，便遭逢世紀之交的艱困時期，面對困難與挑戰，她全心倚靠神，並以對神的敬拜作為立家之本。靠著神，她安排處理了一切事務，引領著家人生活，在離開時她也十分確信，相信自己建立的家業是有意義的，是值得傳承的。

葛勞瑞爾靠著堅定的信仰，過了豐足的一生。以她為源頭，從無到有，衍伸出一脈家族，她為家庭的奉獻將會永遠留在家人們的心中，並成為他們一生追尋的目標。

給父親的最後贈禮

「如果你準備妥當，就去吧。我沒事的。」

「我生於床上，也會死在床上。」第一回去看他時，約書亞這麼對我說。他是一個又瘦、又弱、年紀很長的老人，倚著枕頭坐著，身下的大床寬敞而古典，一看就是一個傳家之寶。他的妻子和女兒都先他而去了，只有兒子還陪在身邊，約書亞說的這些是非常重要的。

在我第一次見到的病人當中，約書亞病情算是非常嚴重的。幾週內他的體重掉了許多，睡得多，吃得少，幾乎沒什麼排泄，脈搏也很微弱。他正在走向另一個世界，但是似乎有什麼事讓他放心不下。我覺得在這種時候，需要和當事人及家屬談一談，看看可以做些什麼，讓病患安心地離開。在我的護理生涯中，這是頗特殊的一個經歷。這個時候，仔細凝聽病人說的話，會給你一些線索。

我走進廚房，去找約書亞的兒子彼得和媳婦裘瑞，我對他們說：「他在等你對他說，沒事的，請放心離開吧。因為他覺得身為父親，他不能丟下你一個人，除非你對他說，沒事的，放心吧。」

高大帥氣的彼得顯然很樂意幫助父親，如果可以讓父親安心，他和妻子裘瑞都願意嘗試。我們談到了彼得的母親和姐姐凱薩琳，虔誠的信仰會讓約書亞覺得，母女倆會在天堂等候他的。

對臨終的人來說，可以讓他們心無牽掛地離開，是對他們最好的安排。你喜歡的人快走到生命的盡頭，讓他可以沒有罣礙、不用回頭，是給他的最棒禮物。在生活中建立起的相互情感和對彼此的信賴，在這時候可以幫上忙。信任在這中間起了非常大的作用，**親人的承諾可以讓他們在適當的時刻放手**。約書亞的兒子和家人都非常愛他，他們願意做一切的事，讓他可以走得安心。

聽我講完，彼得回到父親的臥室，側坐於床邊，柔情而親密地望著自己的父親，說道：「爸爸，爸爸，如果你已經準備好了，就放心地走吧。」他說：「媽媽和凱薩琳都在等著你呢。我沒事的，每樣事都會處理妥當的。」

用瘦弱的手臂支起身體，約書亞把臉靠近了兒子：「你是說我不用勉強留下嗎，彼得？」

「是的，爸。如果你準備妥當，就去吧。我沒事的。」他對父親確認說。

約書亞躺回床上，抬眼看了兒子一眼，笑了。他聽見了等候多時的話，他最摯愛的兒子同意他上天堂，去找天堂裡的家人。那天下午他便安詳地離開了。彼得後來對我說：「這是我給父親的最後一份禮物，我心裡覺得非常安慰。」

一個孩子對父親的承諾，讓父親安心地去天堂和其他家人相聚。這個過程讓父子雙方都覺得釋然，而對兒子的影響可能長及一生。

天使造訪的房間

「有個大天使來了，祂就站在我的床尾。」

阿拉伯裔的萊諾拉五十四歲，腦部患了惡性腫瘤。身為一個大家庭的長者，她受到家人非常多的關愛，他們來陪伴她，幫她梳洗，餵她飲食，但是從不談到她的病情。她起居的床上鋪著精美乾淨的床單、枕套，還有新採摘的鮮花香味四溢。家人來來去去，配合密切。此外，還不斷有親友前來探看，有人帶來美味的食物，有人帶著一家老小。顯然這位母親先前的付出，此刻開始收到了回報。

有天我去看她時，她提出要單獨和我談談。這讓大家非常意外，但後來她還是讓所有家人都先去了病房外面。

「有位大天使來了，祂就站在我的床尾。」她非常平靜地對我說。「就在那兒。」指著病房的一個角落。

「祂現在在嗎？」我問。

「不在，祂一會兒進來，一會兒出去，但總是對我微笑著。護士小姐，如果我說我見到天使了，妳相信我真的見到了嗎？」

「是的，我相信。」我說：「當妳看到大天使的時候，祂就是真的來屋裡陪著妳的。」我對她解釋說，對快要去天堂的人來說，這是常見的事，神會讓即將過去的人有機會一瞥天堂的樣貌。

她微笑著點了點頭，欣然接受的模樣。她知道她沒有看錯。

即將離開人世的人，常常會看到天使，或者是先他們而去的好友、過世的親人，他們也會聞到甜美的味道，看到美麗的花朵，甚至聽見天使合唱的樂聲。當然，我們可以用深玄的科學術語來解釋這些，但是後來我們會發現，其實並不是每件事都需要解釋與理解的。就像現在，我們不用花時間企圖理解即將過世之人的體驗，或者賦予這個體驗什麼意義。

萊諾拉招呼她的家人回來了，她對大家說：「我跟你們說，我看到天使來了，就在我床尾那兒，我是說真的，我真的看到天使了。」她說得清楚明白，讓每個人都瞭解她想要表達的。我常常想，她一定知道在某種程度上，這個體驗在日後會給她的家人帶來一些安慰。

對一生都走在信仰之路上的人來說，在生命的末端體驗到靈性的感覺，是容易理解也可以接受的。他們一生把愛奉獻給他人，在最後便得到甘甜的回報。

幾個禮拜之後，萊諾拉平靜地走了，身邊都是親人和朋友，他們都是她在地上的天使。他們照顧她，就像她從前照顧他們一樣，用心而貼心。直到生命的最後，她都是家人永遠的媽媽。

最後的祈禱

「我知道我要去哪兒，我不怕的。」

診斷出罹患肺癌時，傑恩剛滿六十歲。和泰麗莎結儷四十二年。他把太太當作生活中的光，他們共組的家庭幸福而快樂，膝下的兩個男孩是金髮碧眼的型男，一個女孩是黑髮褐眼的美女，還給他們添了外孫女，每一個都是傑恩的掌上明珠。

傑恩是一個在信仰中獲得新生命的人，他清楚地知道自己歸屬於誰，知道自己以後要去哪裡。第一次拜訪他時，我問他需不需要我幫忙禱告，他便在我面前雙膝落地，舉起手臂，大大方方地禱告起來。一個是心懷基督的重病患者，一個是愛爾蘭天主教的護士，兩個人並肩禱告，你可以想見，天上的神看了一定會微笑的。

傑恩擁有完整而美好的性格，他的生命也非常豐富，而且他和神的關係非常緊密，他瞭解神的心意，也全然信靠祂。他喜歡談論跟神有關的話題，也樂於分享自己是如何認識祂的。傑恩在許多方面表現出的智慧，要我來說，那是「歲月累積出來的成果」。

有一天，他和我聊起，說他的曾曾祖父曾經娶一個印地安的公主為妻，對此我一點也不意外，因為他的女兒和外孫女膚色都比較深。雖然他並不常提起，但還是看得出他以先祖為榮。就我來看，也正是因為如此，他對靈性的事物有種開放友善的態度，這讓他擁有特別的洞見，這也是我們其他人所沒有的。

傑恩體力衰退得很厲害，在這期間，他固執地要找一個「所愛之人的靈魂」，他不斷提起，擔心他會找不到。他出聲呼喊她的名字，一遍又一遍，卻總也沒有得到回應。傑恩開始焦慮不安，擔心會永遠見不到她，擔心她的靈魂沒有獲救[1]。他悲切焦急的心情，教旁人看了都感受到他的苦，但他的家人卻不理解他在焦慮什麼、迫切地

1 在基督宗教裡，獲救就是要相信神，信了神才有機會上天堂，也就是傑恩一直擔心他在意的人若沒有獲救，就不能上天堂，他們也就不能在天堂相遇了。

需要什麼。在這個情況下，唯有神的體貼與慈愛，才能帶給他安寧。

有一回我去看他時，便勸導他說，既然他常常對他喜歡的那個人說到神以及神的愛，那麼，雖然我們不知道那個人心裡怎麼想，但我們可以確定的是，神是慈悲和仁愛的，祂不希望任何人受苦。一個人在生命快要結束的時候，之前聽過有關神的話語就會浮現在腦海，讓可以得救的人都獲得拯救。

我說完，傑恩立即平靜下來，他點頭表示同意，之後便不再尋找那個靈魂了。這會兒，一個臨終照護醫院的護士，不是靠著自己有限的能力和見識，而是依靠著聖神的力量，安慰了神派到照護中心的病人。祂給了我智慧，讓我分享出去，分享給那些快被祂接回家的世人。

一天晚上，傑恩的時候似乎快到了，他的家人都圍跪在他床邊。我問道：「希望我們為你祈禱嗎？」傑恩已經三四天沒有任何反應了，現在也無力表現自己的意向，但是他還是努力地搖晃著頭，並發出一點聲音，想讓大家知道他希望大家為他祈禱。

我們開始祈禱，顯然他聽見了我們的聲音，甚至還跟著我們一起念。他奮力支撐起身體，幾乎快要坐起來了，接著他雙臂高舉過頭頂，說出口的祈禱詞，沒有一句不是在傾訴他心中感到的親切與溫暖。

那短暫的時間流逝得溫柔而緩慢，他放鬆了身體，躺回床上，安靜地睡了。

傑恩從耶穌基督的身上，瞭解到神性，與神建立了親密的關係，全心地倚靠祂，在得知自己**被愛**、**被接納**、**被救贖**之後，他安然離去了。

揮別黑暗

「如果沒有神的憐憫，我得不到真正的自由。」

艾略特醫師五十二歲，在事業上受到同事敬重，在家庭生活中受到家人和朋友的喜愛。然而此時的他，在結腸、肝臟以及肺部同時發現了癌細胞。看來他是不久於人世了。

早年的時候，艾略特曾經因為生活壓力而酗酒，讓他的家人非常困擾。他時常聊到這段經歷：那時他是怎樣的光景、曾經給家人帶來怎樣的痛苦，還有就是神如何出現在他最黑暗的日子，讓他瞭解到什麼叫原諒與寬容。自那之後，他每天都會與神交談，每天都要與神同行。與神建立了親近的關係之後，他便完全戒掉了酒癮，開始了全新的美好生活。

有些曾經對酒精上癮或是藥物成癮的人，在生命尾端的那段過程會比較不好過一些。因為成癮症狀通常是由於某種害怕，讓他們在成癮物品中尋找逃避，而在他們身體脆弱的時候，那種害怕便居於上風。

艾略特曾經坦白跟我說，有個「怪物」會在深夜潛入他的病房，恐嚇他，而且不只一次。他說，那個怪物屈身盤踞在他的床上，正對著他，面目非常醜陋。他對我詳加描繪，並說他覺得那是一個「邪惡的化身」，或許就是以前他一直以來的恐懼。對此，他實在束手無策。

我們後來討論的結果是，不可否認地，邪惡也是一樣真實的存在，尤其在我們生病、疲倦或軟弱的時候，我們就很難戰勝邪惡。艾略特想到，向神祈禱應該是他最需要的，下回惡魔再出現時，他一定要多禱告。

果然幾天後，惡魔又出現了，但這回艾略特準備好了。因為在幾年前他就已經認識了神，而且養成了與神交談的習慣，那晚他便以神之名，直接命令惡魔離開。一回奏效，從此惡魔沒有再來打擾他。

艾略特常常掛在嘴邊的神，究竟是誰呢？祂究竟做了什麼，讓我們覺得祂又真又良善，在困難的時候總是向祂求助呢？祂真的知道我們這些即將去祂身邊的人所感受的嗎？祂真的會以真知與洞見為高枕，讓我們的頭腦枕靠嗎？祂真的會在我們一生當中都緊密陪伴著我們，以至在生命結束的時候，我們心中裝有平安，而沒有畏懼？對於以上所有問題，艾略特的回答都是肯定的，他與神建立的親密關係實在讓人羨慕不已。

艾略特覺得，生活中的每一項經歷，都有其目的與意義，不論結果好壞，都不會枉然。他說，人的一生都是要學習神給我們的課程。

我對他講過一部我很喜歡的小說，其中的一幕是聖保祿（保羅）在骷髏地[1]的山上行走，看到三座十字架，他便停佇下來。就在他觀望的時候，中間一具十字架，也就是綁著受難耶穌的那一具，霎時間往後倒下。「在十字架下面的土地上，你會看到什麼？」我問他。

「麥田，一望無盡。」他瞭然於心地說：「**除非一粒麥子落到我們生活的土地上，不然我們的生命結不出永恆的果實。**」

在他看來，自己經歷過酒精成癮，經歷過生命垂危軟弱，若沒有神的慈愛憐憫，他無法真正地得到自由之身。

艾略特在一個晚上平靜地過世了，他摯愛的家人全都陪在他的身邊。在神的教導與指引下，他這一生過得平安喜樂，離開時也不帶絲毫恐懼。

1 骷髏地（Calvary），亦可寫作髑髏地，是耶穌受難之地，是耶路撒冷附近的一個小山。

波爾卡舞的送別會

「謝謝你給大家留下這麼多美好的回憶。」

今年五十歲的史蒂芬，被診斷出罹患了胃癌。他是再婚的家庭，大女兒不知道他是繼父，他另外生的兩個孩子，小兒子才十歲，生活的擔子還很重。

受到病痛的折磨，史蒂芬的體力衰退得極快，而他又急著想把一切安排好。史蒂芬的主治醫師認為，體力會衰竭得那麼快，應該是藥物引發的副作用，病人本身的體力還沒那麼糟。至於嗜睡和虛軟無力等症狀，則是服用抑制疼痛的嗎啡所引起的。

但是我的看法比較不一樣。並不是說我比醫師聰明，而是史蒂芬想做的，完全是一個臨終之人會做的安排。他的體力耗損很快，是因為他有太多的事要打理，而他總是匆匆忙忙、沒有耐心等待，我只能盡量跟上他的步調。護士當久了，你可以從病人的語言或行為中，瞭解到他們期望你在哪方面幫助他們。

史蒂芬最常說起的就是他的小兒子，他非常疼愛他，也對他非常放心不下。他常說，若是以後他不在了，要讓小兒子上寄宿學校。其實他對每一個孩子都極為疼愛，並且希望他們知道父親愛他們。他想在自己離開前為他們打理好一切，以免他們要負起超出年齡的責任。

「你的病人快不行了，」一天，我對他的主治醫師說：「大概撐不了兩三天。」

「你怎麼知道的？」主治醫師問。

「因為他都在安排後事了，而且他也對我說，他要走了。」我說。

史蒂芬的主治醫師和他同年，不能接受如此年輕的生命就要離開。他第二天便安排史蒂芬去另一個城市較大的醫療中心去做進一步的治療。

史蒂芬很快就順利轉入了另一家醫院，重新檢查、重新抽血、重新掃描，但健康狀況並沒有得到改善，除了主治醫師之外，每個人都看出他的日子不多了。

家人和親友都趕來陪他一段。一位表弟和他親如手足，特地來問我，那晚大家可以為史蒂芬做點什麼。我便回問說，通常他們家庭聚會時，都怎麼安排。他說，就是聚在某個家裡，然後跳波爾卡舞，唱著動聽的波蘭歌謠。

我鼓勵他們那晚留下來，繼續他們日常的唱歌跳舞。史蒂芬的主治醫師仍舊認為他來日尚多，但也同意了這一安排。

當晚值班的護士對我說，她一生從未見過如此歡樂的歌舞。史蒂芬的表兄和其他親友，一同聊著過去生活中的趣事，並且告訴史蒂芬他們有多愛他，也感謝他留給大家這麼多美好的回憶。

在眾多親友的陪伴之下，史蒂芬第二天一早離開了。對孩子與家人他都已經做了妥善的安排，而且他生命的最後時光是在親友們的陪伴下度過的，這應該算是豐豐富富的一趟生命之旅了吧。

早上我打電話給史蒂芬的主治醫師，通知他這些消息。他非常驚訝自己的病人怎麼這麼快就走了，而且又走得如此平靜。不過他很高興病人在世的最後幾個小時過得很快樂。他又補充說，自己沒準備好這麼早走，不過如果哪天我發現他的時間到了，也麻煩我通知一聲，他會很樂意有個機會能夠好好告別的。

滿意人生

「這樣便很好了，寶貝。很好的。」

診斷出癌症時，羅伯特才五十四歲。他與妻子朵特結婚三十年了，養育了兩個兒子，有教養又幽默。羅伯特是家長型的父親，家裡的一切都由他親手打理。

我第一次去拜訪他時，羅伯特專心地聽我說話，在我快說完時，他簡單問道：「我很高興有妳這麼年輕的女孩作我的護士。現在，請坦白對我說，我還有多少時間？」

我向他解釋說，主治醫師和腫瘤專科醫師會對他解釋詳細的病情、化驗結果和預後。等到那一天更近一點的時候，神也會對他說話，教他知道自己離天國近了。

對我的回答，他似乎很滿意。

羅伯特繼續過著他充滿品味的人生，下午的時候與家人或朋友坐在外頭的露臺上，享用下午茶。他談話依然機鋒敏健，風趣不減平日。而府上也是人來人往，熱鬧一如往常。

肺癌讓他體力日減，也變得比較容易疲倦，但是他看起來完全不像一個重病的人。有些癌症的發作是這樣的，當事人體重沒有突然改變，氣色好，胃口也不差，讓旁邊的人看了不免疑惑是不是診斷出了錯。而羅伯特就是這樣的病患之一，他似乎沒有什麼大的改變。

一天早上，朵特很早就打了電話給我，她說：「羅伯特想麻煩妳跑一趟，他想儘早見到妳。」

聽完，我立即出了門，趕往羅家。推開房門後，羅伯特一見到我，便說：「妳還記得我們第一回見面時，妳說的那番話嗎？我想，今天就是我要離開的日子了。」他坐在床上，臉上帶著滿滿的笑容，看起來像藍莓派一樣普通尋常。我心想，別鬧了，羅伯特先生。

「和我一起祈禱吧，寶貝。」他很自然地對我說。於是我們在床旁邊的地上坐下，開始祈禱。「謝謝妳。」他說，拍了拍我的手。「妳現在可以去樓下了。」

羅伯特是個內向的人，他想獨處的時候，多停留也是沒用的。他的家人彼此瞭解，也彼此相愛，他們知道要顧慮到他人的感受，他們也知道羅伯特感知自己的時間要到了，他們也都相信他的感覺。這一天裡，他們依然照著日常的規律和步調行事，送往迎來，下午的時候，他們講述了羅伯特的一些趣事。

過了幾小時之後，羅伯特又叫我回到樓上。「再陪我祈禱一次吧，寶貝。」他說，我們又一起祈禱。

羅伯特早年成長於天主教家庭，後來和朵特結婚之後，他們總是帶著孩子去基督教的長老教會聚會。有時候，從小在天主教氛圍裡長大的信徒，在臨終前會渴望他們熟悉的天主教禮儀和領聖體，可以重拾少年時熟悉的經文，不管是聽家人朋友念，還是跟著一起念，對他們來說都是一大安慰。

我們祈禱完後，他又拍了拍我的手，說道：「這樣便很好了，寶貝。」他笑了笑，又重複一回：「很好的。」這讓每一個認識他、愛護他的人都瞭解到，不管在平常的日子，還是在即將辭世的時刻，他都過得平靜而安穩。

那天晚上，他就在自己家裡的病床上過世了，一直到臨終前，他都顧及到每一個在乎他的人，也顧及到他們的感受。

羅伯特是個注重實效的人，看事情總是看到事物的本質，而不是看到自己希望看到的那一面。他也是個行動派，見到機會就會率先行動，絕對不會猶豫。這麼一個穩重愛家的好男人，走完了他的人生，把家庭的擔子交付到兒子手上，他相信兒子會把一切處理得當的。他這一生該做的都做了，並且做到了最好，那麼，也就沒必要多逗留了。

人生的織錦

「如果我知道我將去哪裡，那為什麼還要怕死呢？」

這個禮拜五，我要去聖奧古斯汀避靜[1]，醫院要我順路幫一位五十七歲的男病患辦理入院手續。這位男子名叫傑克，患了肺癌，已經是末期了。

在他家逗留的三個小時裡，傑克問了一大堆問題，關於他的病情、他該做些什麼、他會發生什麼事，還有死亡到底是怎麼回事。

我們所有的對話，他都做了詳細的記錄，包括他的問題，還有我的回答，通通

1 避靜（Retreat），在基督信仰的傳統中，指遠離日常生活，進入一個清靜之地，透過祈禱、反省及靈性的修煉，來與天主交談。

都寫在一本攤放在腿上的筆記本上。他還對我說，神給他看過一幅圖，那是「他人生的織錦」，他還清楚地解釋圖上的各種顏色，以及與之對應的生活景況。他知道他曾經做過哪些選擇、把握住了哪些機會。和我之前以及之後遇見的很多病人一樣，他並沒有被疾病打敗，還很興致勃勃。

接著我便離開傑克家，去避靜了。主持儀式的是一位聖方濟會的老神父，他一開口便說，原本安排的神父痛風發作，他是來「代班」的，在沒有準備的前提下，他選了「人生的織錦」作為本週主題，竟然和傑克對我說的話題一模一樣！

在這個週末期間，神父回答了傑克問我的每一個問題，我不斷記錄著，生怕跟不上神父口述的速度。這已經不能單單說是巧合了，因為他說的字字句句，都剛好對應著傑克的各個疑問。

禮拜天避靜結束後，我接到一通電話，是傑克的太太莎拉打來的，他們一家希望我當晚再過去一趟。傑克的父母也從外地趕來了，老人家問我，需不需要留宿下來多陪兒子一晚，還是可以先回去。我看到兩天裡傑克的狀況又衰弱了些，便請他們留下來，他們也就沒有走。傑克是他們唯一的兒子。

走進傑克的房間之後，我拿出了避靜時做的筆記，他對著自己的筆記本，我回憶著老神父說的話，一條一條重新討論他的人生織錦。他寫在上頭的每一個疑問、每一個思索，神父都做了詳細的解答。傑克和妻子簡直不敢置信，一臉驚喜地傾聽著上帝借一位老神父之口給他的解釋。

傑克是個很有規劃的人，凡事通盤考慮，仔細檢討過去，思考將來會遇見的問題及其對應之道。神很瞭解他，所以讓他的重要問題以不可能的方式，由不可思議的人來回答了，不是嗎？誰會想到，傑克提出的問題，竟然在三天後，由一個「代班」神父全部回答了呢。我們的神真是全能又信實的。

在最後的三天裡，傑克思索得很多、很深，讓他覺得神就近在身邊。傑克說道，他的女兒和男友同居，他一直很掙扎，不知是否該把自己的感受對女兒說。他怕說了之後，女兒會疏遠自己。但是神給他的啟示溫和地道出了生命的真諦，從中傑克也醒悟到，自己該對女兒這麼做。就在我們討論到這個議題時，門口傳來一陣敲門聲，隨即，他的小女兒走了進來，然後靠在老爸身邊。

見狀，我退出門去。不一會兒，我看到他的女兒歡歡喜喜地來到了客廳，我回頭望了傑克一眼，他的臉上也掛著大大的笑容，滿意地點著頭。他的願望完成了，女兒來的還真是時候啊！

傑克的醫師向我透露，他所患的肺癌類別，會讓他在臨死的時候非常痛苦，那時他的肺部會突然間充滿了液體，完全無法呼吸，必須使用大量鎮靜劑才能給他帶來片刻安寧。他建議我們保持密切聯繫，如果有需要的話，可以隨時為傑克進行醫療援助，讓他可以平靜地安息。

當屋裡只剩下傑克和我時，傑克問道：「如果我是個信徒，我信靠神，也知道我將去哪裡，那為什麼還要怕死呢？」

我們就此聊到了耶穌的生與死，這個故事他也很熟悉。我們說到耶穌受難前在革責瑪尼（客西馬尼）園[2]的情景，耶穌要祂的門徒保持警醒，陪在他身邊，他知道將要發生什麼，不想一個人孤單面對。

我對傑克解釋說，耶穌身為神的兒子，在面對死亡時，依然會感到擔心，希望好友陪伴，所以傑克不用對自己要求甚高。在我們信徒眼裡，神子身上也有人的部分，或許是這個部分讓祂在面對前方困難時，也會有退縮的情緒吧。傑克喜歡這個說法，一方面退縮，一方面依然接受神的安排。他也因為自己的處境和耶穌有點相似，而感到安慰。

「如果你半夜醒來感到害怕的話，」我關照他說：「讓莎拉來陪你，讓她握住你的手，直到你感覺好一些。」

凌晨三點，傑克醒了，他叫莎拉來陪他，並握著他的手，以免他感到孤獨。莎拉照著他的話做，傑克就躺在她的懷中，靜靜地過世了，前後不過幾分鐘的時間。

他離開時非常平靜，沒有使用任何鎮靜劑。他的主治醫師不解，這個病例怎麼會安然過世，我便與醫師分享了前晚關於耶穌之死的對話，原因就在傑克的新體悟，平靜的心情加上妻子的陪伴，使他在備受呵護的寧靜中，進入另一個世界。

2 革責瑪尼（客西馬尼）園（Garden of Gethsemane），耶穌被猶大出賣之後的被捕之地。

預見天堂

「就是這兒了。我終於看到了，真是太美了！」

麥克是位職業運動員，常過著戶外生活，婚姻幸福美滿。在五十七歲那年，查出患有胰腺癌，而且在很短時間內擴散到了肝臟和胃。這一診斷對麥克一家來說，無疑是晴天霹靂，他們的諸多計畫都喊卡。麥克身高近一百七十公分，體重一下掉到五十六公斤，狀況不樂觀，這點他和太太也非常清楚。

麥克和太太居住的環境非常漂亮，他們的家可以俯瞰一座高爾夫球場，周圍飾有百合花和棕櫚樹。即使麥克知道自己狀況不好，但是深得麥克信任的主治醫師卻不想放棄，一直在猶豫要不要開刀再檢查一下，看看腹部有沒有化膿。主治醫師想的是，麥克還算年輕，難道不該為他再做些什麼嗎？與這位醫師深夜交談之後，我建議他上麥克家去看看那對夫妻。因為他們住家離醫師的辦公室也不遠，醫師便同意了。

第二天下班之後，醫師去了麥克家，和麥克以及他太太一起坐了一會兒。之後，醫師打了電話給我，說他不虛此行。他很高興自己去了這一趟，也很高興能為麥克作了這件最重要的事。

他看到麥克和所愛的親人朋友坐在一起，神情一點也不難過，似乎已經做好安心離開的準備。麥克也覺得很開心，他說這回醫師的「家訪」，讓他們從醫病關係變成了朋友，他也該對醫師說聲謝謝，並道聲再見。

那一晚當班的是一位年輕的護士，我特別關照說，麥克可能快要離去了，讓她心裡先作好準備。年輕護士坦言，自己沒有照顧過瀕死的病人，其實是有些不安的。我讓她放心，並把我的電話留給她，若有事可以隨時找我。我估計，麥克大概過不了今晚。

凌晨四點的時候，電話打來，說麥克過世了。我立即趕過去。麥克的太太和年輕護士一看到我，便激動地說，在臨終前，麥克突然呼吸急促，然後睜大眼睛，用盡力氣坐起身來，舉起手臂，開心地說：「**就是這兒了**。我終於看到了。太美了，真是棒呆了！」然後身體向後仰倒，呼出最後一口氣，走了。

他的太太認為，麥克是在即將進入天國時，一眼瞥見了天堂，才發出了上述的驚歎聲。對於丈夫那一刻看到的，她既驚訝又興奮，知道丈夫去了天堂，也讓她甚感寬慰，她說著，激動的淚水溢出了眼眶。

麥克愛他的太太，也熱愛生活，兩者他都不忍割捨。在五十七年的生活裡，他對太太、對生活的愛，可能比其他活得長長久久的人還要多。他最後在相親相愛的人陪同下，走完人生的最後一段，走得體面風光，一如他在世時的光景。連他的主治醫師也跟他特別投緣，照顧起來格外用心一些，也是不幸中的大幸。或許福壽終究難兩全，但能蒙受如此恩典，也算是得到了一段有福的人生。

改變一生的午後

「太神奇了，我從未見過媽媽如此平靜安詳。」

瑪莉安才五十出頭，獨自生活，被診斷出患了卵巢癌。她一個人居住在一輛拖車上，停放在繁忙公路的旁邊。生病之後，便住在醫院一間小病房的角落裡。我就是在那裡第一次見到她的。

當時她的小兒子從軍中請了探病假，非常細心溫柔地在一旁照顧。我立即感受到，瑪莉安狀況不好，看得出她在身體上和情感上都在忍受極大的煎熬。我在她病房的三十分鐘裡，她的眼睛幾乎沒有睜開，雙手緊握著病床的護欄，指關節都發白了。

我請教瑪莉安的兒子，問他媽媽有沒有熟識的神父或牧師，可以過來探望病人的。兒子說沒有，他說：「媽媽是在天主教環境中長大的，但是她結婚、離婚過好幾次……所以，現在除了最後的儀式之外，她不想見神父，也不想見牧師。」

後來我和瑪莉安兩人獨自坐在拖車的小角落裡，我對她解釋說，神已經在天堂給她安排好了位置。我說，事實上，神一直很愛她，希望她回到天上的家裡，並在祂的臂彎裡感到安心。我說起了牧羊人的故事，好的牧羊人喜歡羊圈裡的每一頭羊，就算曾經迷失的也不例外。我還說到，一個人一輩子多少都會有迷失的時候，但是神**總是會把我們找回來**。我們是神看守的小羊，我常常看到神為了找回迷失的小羊，不惜走很遠的路，也不惜花費很多時間。

最後我對瑪莉安說，我有一位很熟的神父朋友，只要她樂意，神父隨時可以過來看望她。我盡了一切努力安慰她，告訴她神依然愛她、依然接納她。但是不管我說什麼，她都不做任何回應，緊緊閉著眼睛，雙手緊緊握住護欄。

看她的樣子，我只能言盡於此了。我把帶來的止痛藥交給她兒子，並告知如何服用之後，就準備離開。我對她兒子說，待會兒我會打電話回來確認她的狀況，而他們如果有任何需要，可以隨時打我的呼叫器。

兩小時後，在幫另一位病人服務時，我接到了瑪莉安兒子的電話。「妳是不是有跟我媽說過，妳有位天主教的神父朋友？」他問。「事情是這樣的，剛才我媽跟我說，她現在想請妳那位朋友過來一趟。」

我非常驚訝，這之中發生什麼我不知道的事了呢？把另一位病人的事忙完，我立即聯絡賽謬斯神父，請他儘快去探訪瑪莉安。賽謬斯神父推掉了一個餐約，直接去了瑪莉安那邊。

三個小時後，瑪莉安的兒子來了電話，他說和媽媽相處這麼久，從未見過媽媽如此安詳平靜。「**她看起來好美**，」他說：「真的很美，而且她還笑了。」

神要瑪莉安知道祂有多愛她，所以派了一位溫和的神父來傳達這個訊息。這是給瑪莉安的一份禮物，同時也是給她兒子的一份禮物，她兒子第一回親眼目睹了恩典的療癒力。

多年後，瑪莉安的兒子和我都一直保持聯絡，他常常講起那個神奇的下午，母親在世的最後一天，神父的造訪以及對母親的影響。他說，那個下午改變了他的人

生。

那天晚上，瑪莉安知道神愛她，知道神一直為她在天堂保留了一席位置，在兒子握住自己的手時，安心而放心地過世了。

等待重逢的那一天

「爸爸去了天堂之後，也會一樣守護著你們。」

藍尼大約五十多歲，患了結腸癌，而且轉移到了骨頭。他和太太的生活過得相當拮据，靠微薄的薪水住在偏僻的郊外，還生了三個小男孩。他的家人非常愛他，也非常倚重他，而家人也是他最掛心的對象。

在初次與他見面時，他對我說：「從今天開始，往後的日子裡，請幫助我活得久一點，讓我在這有限的時間裡，可以做更多的事。」他說：「如果我的時間到了，妳會告訴我嗎？」

我答應他，不管他要我為他或者他的家人做什麼，我都非常樂意幫忙，如果他的時間到了，我也會告訴他的。

藍尼的狀況急轉直下。他吃得愈來愈少，睡得愈來愈多，不過疼痛倒是控制住了，這對他和他的家人都很重要。他很留意自己的身體狀況，在病情和體力允許的範圍內，做最多的事情，每天都過得快樂又有意義。他花時間陪他的每一個孩子，用好幾個小時分別和他們說話、疼愛他們，並與妻子討論當他不在以後的那些日子，生活該如何安排。

藍尼對我說過，他最不放心的就是年幼的孩子們。「我不希望留給孩子們的最後一個印象是，他們的父親一動也不動地躺在擔架上，被人抬出去。」他說：「若到了那天，你先告訴我，可以安排我去醫院，在那裡舒適地離開，我會非常感謝妳的。」我答應了他。

一天早上，我去藍尼家時，突然意識到這就是他所說的**時間**了。「現在該去醫院了。」我對他說，他同意地笑了，點點頭表示接受。

他對孩子們說，你們的爸爸要去醫院了，要他們待會兒去探望他。孩子們不知道藍尼這一走，是永遠也不會回來了。這位父親臉上的勇敢，和全然把孩子放在優先考慮的無私，深深烙印在我的心中。

我一分鐘也不敢拖延。匆匆辦了幾道手續，藍尼便暫時住進了醫院。

坐到床上，他雖然虛弱，卻面帶笑容。他希望見見兒子，每個小孩都有一點單獨與他相處的時間，然後再見見妻子。小孩子一個個獨自走進他的房間，帶上了身後的門。他對他們說，他即將離開了，要進入他們都一直相信存在的天國；他也一個個地訴說他對孩子們的期待，並且對他們說，孩子的未來他一樣會參與，他會在天堂守護他們，看著他們長大成人，且以他們為榮。看著孩子們一張張童稚而認真的臉，聽著一位勇敢父親說出來的訣別前的話語，我忍不住為之動容，眼眶微微地發熱。

一一囑咐過孩子們之後，藍尼單獨和妻子待了一會兒。三個孩子靜靜地在門外坐著，我最後一眼看到他們時，三個孩子蜷在一張床上，彼此擁抱著。一小時後，藍尼在妻子的懷中過世了。

藍尼是一位真正的好父親，他每天參與孩子們的生活，所以他說去了天堂之後也一樣會守護著他們，是再自然也不過的。他瞭解自己的每一個孩子，和他們每一個人都有緊密的交流，從最後一天他為孩子們做的，以及他表達不捨之情的方式，就可以看出他們之間的親密。

我相信，那天的情景，父親臨終前真摯的每一字每一句，將無時不刻陪伴著三個孩子，度過未來人生中所有幸福與苦難的日子，直到他們與父親在天堂重逢。

悔改的靈魂

「你有沒有想過，神已經原諒你了？」

傑克遜明明才六十四歲，外表看起來倒像快九十了。他是位老水手，牙齒掉光了，也不梳頭、洗臉，看起來一派狼狽。照他自己說的，一輩子打年輕時開始，他對「野女人和歌曲」都很拿手。現在，他處於生命的尾聲階段，他想起以前相好過的女人，希望其中有人願意收留他，照顧他終老。

去探望過傑克遜、聽過他說「好想找個女人好好地為他送終」之後，我常常向神禱告，希望祂不要把我放在那些女人的位置上。我真的不確定，自己有沒有能耐照顧好這樣一位老人。

我第一天去拜訪時，傑克遜便對我坦承了過去的那些荒唐事，說得鉅細靡遺，其中很多誇張的事都是我一輩子從來沒聽聞過的。期間他帶著無比的誠懇，也帶著無比的羞愧。他似乎想對一個人說出他生命的全部，他一輩子的荒唐，一輩子犯下的錯。

他的話語和神情都充滿了悔恨與難過，我不由得對他生起同情，在他說完之後，我問：「你有沒有想過，神有多愛你？你有沒有想到，因為你已經為自己做的這些事難過，而且你已經對祂坦承了，所以祂已經都原諒你了呢？」

他把瘦弱而乾枯的雙手伸向空中，大聲說道：「是的，我想是這樣！」

我很驚訝於他口氣的堅定，以及語氣中帶有的力量。這不就是耶穌說的，**一個真正活出信仰的人比全以色列的人都更虔誠**的道理嗎？我想，從這個悔改的靈魂身上，我感受到了這句話。

傑克遜理解了從神而來的寬恕。他知道，若不是耶穌愛我們，為了我們釘死在十字架上，靠我們自己是進不了天堂的。我想他也領悟到，在我們為自己的錯懺悔時，就已經得到神的原諒了。

之後的某個晚上，傑克遜獨自一人平靜地過世了，但是他顯得非常祥和，因為他倚在神的臂膀裡，全然相信自己處於神的愛與寬恕之中。

傑克遜並不是覺得自己的錯可以就此一筆勾銷，也不是覺得神會忽視過去的一切紀錄，他只是明白了神的慈愛，遠遠大過他犯下的罪。誠心悔改而產生的謙卑，讓他能夠在生命的最後階段，讓神的寬恕進入他的內心，使他平安地到另一個世界去。

從傑克遜的身上，我們可以學到的一課是，我們服侍的神是至為重要的，祂會陪伴我們一生一世。從過犯大的人身上，我們更可以看出神的溫柔與慈愛。

奇蹟的相見

「你怎麼沒和我說！兒子今天來看我了！」

漢克的年紀大約七十出頭，和太太生活在一起，他們已經結婚五十多年了。就在近期，漢克被診斷出罹患了肺癌。在生命的最後一段日子，漢克希望能再見兒子一面，然而，他們唯一的孩子關在監獄裡，罪名是惡意謀殺。不管我們這邊透過各種管道、找了多少人：當地官員、議員、典獄長、獄方神職人員……讓他兒子出獄探親的要求都被拒絕了。看來漢克想在死前跟兒子單獨見面的願望，是不可能實現了。

每回我去看望漢克時，他都說：「若是沒見到我兒子尚恩，我是不會閉上眼睛的。我有事要對他說，也要交代他一些話。」

在現實狀況中束手無策的我，只能殷切地向神祈禱，希望事情能有轉機。我希望神可以介入這對父子中間，讓父親在臨走前，可以有個平靜的心情。我請求神讓奇蹟出現，讓這對父子可以見上一面，雖然我並不知道這究竟要怎麼做才能達成，因為就目前來看，所有的法子都行不通。

禮拜四的傍晚，我又去看望漢克夫妻。漢克的體能更加衰退，看起來更沒精神了，但是躺在床上休息的他，臉上卻掛著一個大大的笑容。

「妳怎麼沒和我說！」我一進門，他的眼中便閃著激動，熱切地對我說道：「妳怎麼可以守著這麼大的秘密呢？」

我腦中迅速轉動著，一邊笑著回答：「是啊，沒錯，我是沒和你說。」漢克拍了拍床沿，示意我坐下聽他說。

「兒子今天來看我了！」他說：「待了快一個小時。他看上去還滿不錯的。」他指了指床邊尚恩曾經坐過的地方，仔細描繪尚恩的穿著，什麼顏色、什麼配件，還有他的氣色如何。而漢克最關心的一件事是，他讓兒子知道父親愛他，而且已經原諒了他。同樣重要的是，漢克希望兒子和母親保持聯繫，雖然身在獄中，也可以常常打電話問候母親、與往常一樣地愛母親。尚恩同意了，還對父親保證說，他會盡力照顧母親的。

這天發生的一切，對漢克來說似乎都是再自然也不過，他用簡單的話語描述了整個過程。可以見到兒子，可以對別人講述見面的過程，得到兒子會盡力照顧老媽的承諾，對漢克來說是極大的安慰。

聽著漢克激動而開心地描述，我心中感觸很深。因為我知道，漢克的兒子至今都還關在監獄裡，沒有出獄探親的機會。在我多年的照護生涯中，像這樣無法解釋的類似經驗，被臨終病人以自然而必然的語氣講述出來，我是見過很多次了。相形之下，漢克的太太就對此感到不可置信，她不解先生怎麼會真的以為自己見到了兒子，但他卻可以說出這麼多細節，又似乎不由得她不信。

那天下午，漢克的牧師來了，牧師對我們解釋說，因為上帝是神，祂什麼都可以做到。他用耶穌的故事提醒我們，耶穌從死裡復活，和他的門徒們集聚天堂，也不用特地打開什麼門啊。既然如此，讓漢克經歷一件事，見到了一個人，好讓他可以安心地回到天堂，像這麼一點小事，我們有什麼必要去質疑呢？難道有什麼是祂辦不到的嗎？

在與兒子會面的第二天晚上，漢克帶著滿足而感恩的心情，告別了這個世界。

名為寬恕的禮物

「我希望在死前，看到你原諒了你自己。」

梅瑞絲才五十四歲，子宮頸癌已經擴散到全身，生命也即將走到盡頭了。離婚二十年來，她獨自一人扶養著四個孩子，和最親密的朋友及鄰居的關係都處得非常好。

梅瑞絲的腫瘤科醫師看了她的狀況說，不該這樣的啊，以她病況之嚴重，應該早就撐不下去了。「妳看她都瘦得皮包骨了，痛苦成這樣卻還放不下、不肯走。妳去看看，是什麼讓她如此掛心，不忍離去。」

梅瑞絲也算是幸運了，她最後遇上的醫師不但關心她的身體，也關心她的心靈世界。她的醫師知道病人的時候已經到了，希望她能平靜地放手。

和梅瑞絲的孩子們討論後不久，我就瞭解到，是什麼原因讓梅瑞絲遲遲不願撒手。其實二十年前離婚之後，梅瑞絲在很久之前就已經原諒她的先生了，也原諒了他的離開對她和孩子造成的傷害，但是她始終沒有親口對他說。她瞭解自己的前夫，知道若沒有得到前妻的諒解，他一輩子都無法心安。她擔心自己就這樣走了，前夫就更覺得歉疚，心中再難找到平靜，也無法面對孩子們。

她說：「不，除非見到瓦特，要不然我死不瞑目。我不能撒手。」

撥了很多通電話之後，終於在一個下午，大約五點多的時候，找到了瓦特先生。我向他解釋了梅瑞絲的病情和現況，對他說，梅瑞絲希望儘快見他一面。他立即搭上下一班飛機，晚上就到了。

梅瑞絲與瓦特獨自在臥室裡待了好幾個小時。梅瑞絲對他說，早在多年前她就原諒他了，現在找到他只是想當面對他說，她希望在死前看到瓦特也原諒了他自己。她說，瓦特以後還要照顧四個孩子，舊怨該了就了，這不是一件容易的事，但是她相信他可以做到。她希望父親和孩子們可以相互瞭解，彼此相愛，她想再見瓦特一面，就是為了這些。這是瓦特事後告訴我們的。

這些年來，她都沒讓前夫知道自己已經原諒他了，而這也束縛住她的心，使她永遠感到負重。現在她已經是快要走的人了，她希望瓦特可以坦然、沒有包袱地愛孩子，同時也得到孩子的回報。

就在安靜的臥室裡，他們彼此原諒了對方，原諒了之前兩人間發生的一切。他們把平靜當作一份最後的禮物，至珍至重地互贈給彼此。當晚，梅瑞絲在前夫和孩子的緊密陪伴下，安心地離開了。

愛和人生的真諦

「我從小就沒體會過這樣的愛……」

拉爾夫是一個固執的老人，七十四歲的他，兩片肺葉都遭受癌細胞的侵襲，而且已經擴散到脊椎。他的妻子和兩個兒子都非常關心他，但是對於妻小，他卻不知該怎麼表現出他的關愛。他是個照顧家庭的男人，給家人遮風避雨、使他們不愁吃穿，但是他就是無法表現出一家之主該有的愛。

在那個家裡，每一個角落、每一間屋子，你都可以感覺到一種孤單，一種說不上來的沉悶距離感，可以感受到這一家人同在一個屋簷下，彼此卻不親近。不過他們還是非常努力，希望老人最後的這段時間可以過得快樂一些。

有一天我去拉爾夫家看望他，我們已經變成朋友了。他問我：「妳有信仰嗎？」「這要看你對信仰的定義了，」我說：「如果說信仰是指每週去教堂，坐在第一排的位置，以做善事為作秀，那我就算不上；可是如果你是說，敬愛神、信靠神，也相信祂瞭解我、愛我，那我就算是吧。」

這話他似乎很聽得進去。「說來，老婆常常讓我陪她去教堂，參加裡頭的活動，」他說。「但我從來都不肯。我就是頑固，我想。不想聽她的，不想順著她的意。」

拉爾夫正在回顧他的一生，他曾經的選擇，做得好的與做得不好的，他如何對待生活周遭的人，以及他們的日常需求。自己的表現似乎讓他不盡滿意，對此他也毫無隱瞞。但是現在的他該怎麼做呢？答案又會是什麼？

接著我們花了數小時，討論神到底是誰，祂為什麼要創造我們，為什麼要愛我們，還有我們死後要去哪裡。這個不太會表達自己的男人，開始尋求人生的答案，以及要如何理解人生，儘管他還不知道該從哪些問題入手。和我們很多人一樣，他還沒瞭解，神的愛不是像我們一貫以為的那樣，有條件或前提，而是**祂隨時都在愛我們**，沒有片刻停歇，祂愛我們的所有一切，從我們皮膚上的一顆小痘，到我們的全部。

現在的拉爾夫可以聯想有一位「造物主」，一位掌管一切的至高者，祂統領萬物，讓世界正常運作。但是，儘管做了努力，他還是無法理解神是如何沒有保留地親自來關愛他。他說自己從小就沒有體會過這樣的愛，所以後來長大、成了家，也無法付出這般愛，更無從得到這般愛的回報。因此造成了他和妻小之間的誤解、隔閡，也讓他在家庭生活中倍感沉重。

我們聊到了耶穌，聊到神為何要把祂的獨生子遣派到塵世來，教導我們走一條通往天國的道路。對拉爾夫來說，這是一個全新的觀念，但是經過時間的沉澱，他也漸漸接受了它，並成為自己的一部分。我覺得在這個時候，拉爾夫具備了被愛的可能，真正地被關愛，因此他張開雙臂，擁抱了這個觀念。正如聖奧思定所說：「我們的心單單只為祢而存在，神啊。除非安息在祢的懷裡，此心將不會止息。」

一天我去購物時，看到一幅耶穌行在雲端的圖畫，畫中祂張開了雙臂，好像在迎接天國裡的每一個人。我將這幅畫買下來，送去給拉爾夫，他讓我掛在面對病床的牆壁上，這樣只要他一轉頭，就可以看到。

這張圖片給了他很多安慰，這段日子以來，他慢慢體會到愛和人生的真諦，可以和家人長時間平靜地相處。他最享受的時刻，就是孫兒輩陪在身邊的時候。語言的關愛對他們來說，是一個陌生的東西，雖然他們一時間還未能完全改變，但是拉爾夫表現出的平靜與安心，已經是他的家人未曾見過的了。

一天晚上，當家人齊聚在隔壁房間時，拉爾夫安靜地去了，和平日的生活一樣，他和家人之間有一點距離，但是他總也是在不遠的地方守候著這個家。

其實拉爾夫非常愛他的家人，只是過去的人生經驗和記憶，沒辦法教會他怎麼去愛人、怎麼與人相處。若是一個人的生長環境如此，那真的需要非常多的愛與寬容，才能讓他學會如何付出愛，以及如何讓對方知曉自己的愛。可喜的是，神一直沒有放棄拉爾夫，讓他在生命的盡頭體會到了何謂天堂裡非傳統世俗的愛，這也讓拉爾夫表現出家人從來不曾看到的一面，在人生最後的時光中，表現出他這一生未能傳達給家人的溫暖心情，軟了他們的心腸，暖了彼此的關係。

療癒之夜

「很快你就會在天堂和耶穌在一起了。」

卡爾今年七十七歲，他和第三任妻子住在小鎮邊緣的一間煤渣磚的小屋裡。肝癌和胃癌讓他備受煎熬，也讓他的生命進入了尾聲。但是，他從診斷出癌症開始就一直露出「一身重任尚未完成」的樣子。感恩節是一年之中卡爾最喜歡的時節，即便是走到生命末端，他依然把家庭對外開放，歡迎親朋好友來訪。

他內心深處是個非常注重靈性的人，雖然因為一些原因使他在幾年前遠離了信仰，這些年來都不曾進教堂，但是兒時熟悉的簡短祈禱文，他倒是常常還會念起。他似乎也在尋求一條回到信仰中的路，只是一時之間還沒有找到。

然而，就在這個時刻，神奇的事發生了。事情如他所願，他回到神的安慰與平安之中了。這一切是怎樣發生的呢？神是怎樣把卡爾帶回到他一直渴求的平靜安穩當中的呢？

每年年底，在露天舞台演出耶穌誕生的情境劇，是我們教會一年一度的盛事，每年十二月一到，我們就開始準備了。有天下午我去探訪卡爾時，對他說：「你想來看看嗎？」

「再看看吧。」他答道。「我們再看看。」他需要時間考慮，要回到神的身邊，他還需要付出多一點的努力。

我沒有再多勸說什麼，我知道這種時候多說也沒有用。後來，表演如期展開，在節目就要開演前的一個小時，卡爾打來了電話。「妳可以現在過來接我嗎？」他說。

我立即驅車前往，和他太太一起在他的睡衣外加了睡袍，給他戴上羊毛帽，又另外裹了層大毯子，才把他移駕車上，那時外頭開始飄起小雪。到了目的地，我們小心地把他移出車外，將他安排在露天表演場的對面，教會的教友已經給他預留了一個特別的位置。

漸漸地天色暗了，雪也開始飄，音樂就在這時響了起來。從卡爾的角度，剛好可以看到聖母瑪利亞、約瑟夫和小耶穌飾演者的臉部，感覺好像他們也正朝著他望著，他將身體往前傾，不想錯過任何一個表情。他看見了牧羊人，看到了三位智者，還有衣著天使服的可愛孩子們。當「平安夜」（Silent Night）以及「小城伯利恒」（O Little Town of Bethlehem）的歌聲在場上迴響，他的身體一動不動，臉上卻已經佈滿了淚水。就這樣，**他不再是從前的他了**。

一種神奇的平安降落在卡爾身上，他用一顆平靜的心、安穩的心情，對待每一天的生活。一天很晚的時候，他打電話給我，問我可不可以「即刻」給他請來一位神父。雖然是夜半時分，我絲毫沒有猶豫便撥給了賽謬斯·奧費恩神父，他總是不辭辛勞，也從來不需要任何理由，我只要對他說，告訴他怎麼走，他就即刻出現在需要的人面前。

凌晨三點，家人靜靜坐在隔壁房間，卡爾開始對賽謬斯神父說起了他的一生，他做了哪些對的事，又錯在了哪裡。

他們談完之後，神父叫大家進去。神父挽住卡爾的胳臂，我也一起幫忙，讓他坐了起來。「卡爾，很快你就會在天堂和耶穌一起了。我知道，有一天我也會去的。」

在這個令人難忘的時刻，沒人做出任何動作，甚至連呼吸也屏住了。這是一個**安慰的時刻**，也是一個**療癒的時刻**，對在場的每一個人都是如此。若說我遇見過耶穌降臨的時刻，那就是現在了。

那天晚上卡爾離開了。看來，在停止呼吸之前，他就已經去了天堂。

卡爾這幾年來的祈禱並沒有消失在風中，而是**被神聽見了**，被那個珍愛他、創造他的神細細傾聽。在佛羅里達的飄雪之夜，在耶穌復活的情境劇上演時，觸動了卡爾的心，引領他走到一條安慰之路上。這一幕誰可以料想得到呢？一個神父溫和的話語預告了人神相遇，這一樁又該如何解釋呢？除了我們的神，還有誰會用盡各種方法，感動祂的孩子，帶他回家呢？

通往天堂的門扉

「神已經給你安排好位置了，你會先看到的。」

路易士才四十一歲就患了肺癌，詳細來說是肺部燕麥細胞癌。對一般人來說，四十一歲才正當壯年，但是對路易士來說，卻已經是生命的尾聲了。他的父親羅伯特是我十八年前的病人，前面也寫過他的故事。路易士離了婚，獨自撫養一個十三歲的女兒。

路易士擔心的事情很多：往生之後他會住在哪裡？失去父親的女兒該怎麼辦？在剩下的這段時間裡有什麼是他可以處理的？

路易士的母親和弟弟堅持要他帶著小女兒回家去，大家一起住好方便照顧。這也便於小女兒之後由叔叔領養，從小女孩還小的時候，叔叔就非常疼愛她。安頓好之後，在短時間內還算平靜。

路易士病情發展極不樂觀，但是這一家人沒有人知道該如何對小女兒說。而小女兒卻是極聰明伶俐的，她知道發生了什麼，也可以對學校的心理老師清楚地表達，但是在家裡，她卻總是閉著嘴巴，對此不發一語。其實，並不是她不想表達自己的感受，正是因為那份傷痛與不捨之情太深了，她才不知道該如何對最親密的家人說出來。後來，在眾多親近好友的鼓勵之下，她同意和奶奶、叔叔以及關心父親病情的人，聊一聊她心裡的擔心與害怕。

「他一點也不像爸爸了。」那天，小女兒淚流滿面地說：「之前他常做的事，現在都不能做了。」在她眼中，父親一向是年輕、強壯、什麼事都可以搞定的，而父親現在變成這個模樣，讓她難過得說不出話來。

父親在短時間內如此劇烈的改變，讓一個十三歲的小女孩無法理解，也很難一下說出自己的感受。等到她終於可以開口的時候，卻沒有抱怨或不滿，聰慧而早熟的她，說的是自己真心愛著父親，會非常想念父親，即使與父親短暫地別離，但總有一天會在天堂再見的。只是，雖然以後可以重逢，但是眼前即將到來的別離，還是讓她非常難過。

一天很早的時候，路易士的弟弟打了電話給我。他說：「今天大哥的情況有些不尋常，妳可以過來一趟嗎？」

我趕過去的時候，路易士坐在自己房間最喜歡的一張椅子上，把正要出門上學的女兒叫住了。小女孩走到父親的椅子邊上，俯下身來吻了他。似乎預感到這是今生所見的最後一眼，路易士充滿憐愛地看著女兒，目送女兒一路走到門口，又轉身與他道別。

路易士的母親去樓上洗澡，他的弟弟去拿藥，房裡只剩下路易士和我，於是我們聊了起來。

他說起了自己的病，說起生病給他帶來的變故，怎麼會剛好和父親患了同樣的癌症，怎麼一切來得這麼突然……還有他多麼感謝他的媽媽、弟弟對他和他小女兒的愛護與照顧。我們說到他的父親會在天堂等著他，那時他還補充了一句，說父親一定準備好了長篇庭訓。

我們沒聊多久，路易士便說：「麻煩妳陪我走到門那邊。」說完他很快起了身，直接步向前門。「不對，不是這個門。」他喃喃說道，又走回椅子附近。「帶我去洗手間。」他突然說，然後直接往樓下衝去，動作快得我幾乎跟不上他的步伐。

經過一間臥室時，我順手抓了一個大號的枕頭，在他衝進洗手間坐上馬桶時，我立即把枕頭墊在他的背後。就在此刻，路易士的臉色瞬間發白，我用力禱告，希望他媽媽趕快洗完澡下來，果然她一下就來了。

一走進洗手間，媽媽立即明白了事態，她站在馬桶與洗手台之間，張開手抱住兒子。這時前門也開了，路易士的弟弟回來了，他走進來在哥哥身邊跪下。我們都知道，路易士即將離開了。

「神已經在天堂給你安排好了位置，」我們對他說：「在你進去之前，會有機會先瞥一眼其中的美景。」我們說話時，他的身體已經開始前傾，我們把枕頭從他身後移到他的前方，放在他的腿上。他靠著枕頭，望著弟弟的眼睛，說道：「我已經瞄到一點了。」然後，閉上眼睛，走了。

站在他的身邊，大家微笑了，帶著淚光。我們知道路易士那位幽默的父親見到兒子時，一定會說：「要來你也優雅點，怎麼坐在馬桶上就過來了。」

我們開著玩笑，笑中帶淚，路易士的身邊有愛他的母親，有幫他打理一切的弟弟，還有一位護士，和他們共享了這段奇妙而蒙受祝福的寧靜時光。

瞭然於心的微笑

「妳很快就會見到拉爾夫了。妳預備好了嗎？」

德莉亞的先生拉爾夫，多年前也是我照顧過的病人之一，我和德莉亞後來也因此而變成朋友。她不管是寫信給我，還是打電話給我，總也不忘提這句：「如果我的時候到了，妳要來告訴我喲！我就指望妳囉。」我也總是向她保證，真到了這種時候，我會在一頓飯或喝杯茶的工夫內，趕過去告訴她。

德莉亞的年紀慢慢大了，已經無法獨自打理生活。但她是非常有主見的人，她的幾個兒子花了好一番力氣才說服媽媽，要她不用操心持家，這會讓她輕省許多。後來她終於同意搬去附近的一個養老中心，那裡設備完善，風景好，還可以認識許多新朋友。

在安頓好之後，德莉亞還頗滿意，她說孩子們怎麼不早點做安排呢？我提醒她，依她的個性，若沒有想好是不會同意做改變的。但是，入住不久之後，我就接到她一個孩子的電話，讓我立即趕去當地一家醫院的急救中心。

情況是德莉亞中風了，而且跌倒摔傷了臀部，但是到底是中風先，還是跌倒先，就不能確定了。至於是受傷多久才被發現，這個也無法推斷。醫院決定第二天就給這位八十五歲的老太太動手術，修復她臀部的損傷。雖然院方也知道手術風險很高，也會隨之帶來很多痛楚，但是為了老太太的生活品質著想，風險高也要做。顯然院方已經決定這麼做了，但是我感覺到德莉亞老太太心裡一定另有打算。

手術前一天晚上，我走進她的病房。她轉過頭來望著我，那個眼神就是我常說的「**瞭然於心**」的眼神，一個眼神表明了她完全知道周遭的事，知道接下來將會發生什麼，知道自己的日子不多。我走到她的床邊，靠近她站著，輕輕握住她的手臂，她對我微笑。

「記得嗎，德莉亞？」我問她道。「我們之前說過，如果妳的時候到了，我會來陪著妳的。」她眼中充滿了淚水，點點頭。「現在就是這個時候了。神已經準備接妳回去了，妳很快就會見到拉爾夫了。妳預備好了嗎？」她點點頭，但是目光始終注視著我。「想要我為妳祈禱嗎？」我問。她笑著用兩隻手握住我的手，放在她的胸口，然後閉上了眼睛。

我向神祈求，請耶穌來帶引她，用祂的手擁抱她，用祂的精神來鼓勵、安慰她。我讓德莉亞安心把頭枕在耶穌的肩膀上，讓自己被神擁抱。我看到她轉頭窩在枕頭裡，好像小寶寶把頭靠在母親懷中。她顯得那麼平靜安詳。

「多麼美好啊。」她嘟囔著。「真是太美好了。」說著便睡去了。德莉亞常常說，進天堂的時候，她希望有個彼此欣賞的好友陪在身邊，我有幸完成她的宿願，在這個特別的時刻陪伴她。兩個小時後，德莉亞在睡夢中進入了天堂，也免去了手術之痛。

可以得到如此完美的結局，唯一的原因是，當神要召喚祂的孩子回家，必定會親手做出最好的安排。德莉亞的孩子們非常愛母親，得知母親不用動手術，而且在睡夢中過世，他們都覺得非常安慰。他們認為，母親終於得到了一生期待的療癒，而且如願地在好友陪伴下離開，實在是值得感恩的一件事。

前往神的國度

「現在它就在這裡，我不用漫長地等待了。」

七十二歲的凱薩琳一個人獨居。她一位住在附近的姊姊會每天去看望她，儘量照顧一下她的生活。凱薩琳纏綿病榻很久了，過程非常折磨。這讓七十二歲的她看起來好像九十出頭，又瘦又弱，沒人幫助的時候，幾乎不能行動。

我第一次去探訪她時，就看出她將不久於人世，對這個階段的病人來說，只要能減少疼痛，讓他們過得舒坦一些，就是最重要的一件事了。

我們著手針對這個部分做了醫療處理，很快她可以平靜安穩地過日子了。同時，我們也很快成了朋友。

在這個時候，交談與陪伴是很重要的。要瞭解病人，我通常會鼓勵他們談談自己的信仰。聽到各種神讓人認識祂的故事，是件溫馨的事。像凱薩琳就讓我瞭解了《聖經》中常常出現的一個概念，那就是「神的國度」，她還說，神的國度不僅僅出現在《聖經》裡，也出現在我們的現實生活當中。她瞭解到祈禱的力量，以及為別人的擔心和需求而祈禱的觀念，她說，當我們為別人祈禱的時候，就是經歷了神的國度。

作為一個四個孩子的母親，我也常常請我的病人為我的孩子祈禱。他們通常因為可以為我做點什麼而顯得很開心。有時候，一些男性病患不好意思大聲祈禱，我就要求他們要大聲說出來，這樣神才不會漏聽了這麼重要的祈禱，每次我這麼說，他們就會大笑起來。

一天，我剛來到凱薩琳的病房，她努力地把她瘦骨嶙峋的手朝我伸過來，臉上帶著非常甜美的笑容，要我來形容的話，我會說那是天堂的笑容。

她就這樣笑著，對我說：「茱蒂，記得我們常常說到神的國度嗎？現在它**就在這裡**，就在我身邊。我不用漫長地等待了。」

我們曾經討論過神的國度，討論過神的國度在人間，在我們的周遭。在給我們指點的人身上，和給我們啟發的人身上都可以看到。而這些人都在我們的人生道路上，至於我們會碰見什麼人、走了什麼道路，也是神所安排的。

在知道自己即將去到哪裡，並且教導我用多種方式認識神的國度之後，沒過幾天，凱薩琳就離開了。

離別前的最後一課

「愛應該就是這樣的吧，這種感覺真好。」

羅賓三十四歲，正值生命最豐滿的時候，快樂痛苦、幸福哀愁都揮灑得淋漓盡致。他是一對雙胞胎中的哥哥，同胞妹妹長得和他一樣討人喜歡。他們兄妹之間似乎有種特殊的連結，不需要言語、動作，他們對彼此想要做什麼、想要說什麼，以及有什麼感受，都默契十足。

就是在三十四歲的這一年，羅賓被查出患了惡性黑色素瘤，美麗的胞妹看在眼裡，能做的只有哭泣與禱告。不管哥哥要什麼，妹妹都儘量滿足。但是，她生命的另一半卻依然在病痛中逐漸走向生命的盡頭。

羅賓的父親一年前剛過世，羅賓知道自己的病況之後，便回到家裡，由媽媽來照顧。媽媽安妮塔是義大利人，對家庭她是全心奉上，全力付出。她是一個充滿信仰的人，意志堅強，又幽默又堅忍，這樣的人品在當今的世代已經很少見了。

安妮塔決定要給兒子全然的、沒有任何疏漏的照顧。我給她起了個綽號叫做「鐵蝴蝶」。她的丈夫剛剛過世，而她的母親年近九十，照顧起來所需要的謹慎、細心更是讓她耗盡了心力。現在兒子又即將離她而去，傷心事接踵而來，要怎樣的母性才能忍受啊！但是我很快就瞭解到，她的一生全然信神，相信神的愛和神蹟就在她周遭，這個信念讓她在連串的變故中撐下來。她的生命非常有韌性，不會輕易被人與事擊垮。

有其母必有其子，羅賓雖然處在令人難忍的病痛之中，卻生活得非常忙碌，盡其所能地豐富自己僅剩的生命；他用幽默和耐性忍耐著一切，還常常有所體悟。因為他還沒結婚，我們的話題自然常常聊到了愛，例如**愛究竟是什麼**？或者愛意味著該做什麼、不該做什麼。他雖然年輕，思路卻很清晰，對很多事都有自己的看法，而無條件的大愛正是他理解得很清楚的觀念之一，他常常掛念的是，在自己遭受這些之後，該怎樣和周圍的人互動？

隨著病情的發展，羅賓的疼痛加劇了，看著他備受折磨，我們也感到十分不忍，只能想辦法儘量降低他的疼痛。但是，相對於我們所做的，他似乎更樂意把疼痛交托給神，而花時間為其他人祈禱。這種祈禱的力量是非常強大的，當他解釋如何把自己的疼痛交給神的時候，總是讓我敬畏得說不出話來。是什麼緣由讓他可以這樣全然地信靠、全然地交托呢？又是什麼樣的信念讓他可以不顧自己所受的痛苦，而為其他人祈禱呢？

在羅賓母親的邀請下，鮑伯神父定期會去探訪他。若說是鮑伯神父去指點他、教導他，我倒也不這麼認為。我覺得鮑伯神父看起來太嚴肅了，不夠打動人心。我這個愛拿主意的愛爾蘭人自己決定，找他教區裡另一位三十四歲的年輕神父，由他來陪伴羅賓。我甚至還上門拜訪了一下，與年輕神父談了談我的想法。我找的這位神父與羅賓同年，興趣也接近，應該更容易靠近吧（我是這麼想的啦）。神父聽完後說，不如讓我們一起來為這件事祈禱吧。

一天晚上，我又向神祈求，請求神妥善安排這件事，並對神說了種種我的理由。那一晚，神非常清楚地示明：讓我放手。祂的意象直接傳達到我的心靈深處，我看到一個烈焰中的火爐，立即縮了手。我聽見祂說：「讓鮑伯神父繼續他的職責，我也有功課給他。」

從此之後，我相信鮑伯神父會參與到羅賓的生命中，是神的意思。我們常常說到羅賓的困境，說到他怎麼年紀輕輕的，就要面對死亡。我對神父說，羅賓在臨終前需要一位神父，才能在那一天到來的時候放心地走。鮑伯神父總是微笑著，拍拍我的手說，沒這麼簡單。鮑伯神父是有很耐心的人，我們常常說著自己的觀點，不管我們的看法是否一致，我們都會笑著溝通。在這幾個月裡，我們彼此都從對方身上獲益良多。

在大家的細心照顧下，羅賓依然無法避免地一步步走向生命的終點。現在，所有羅賓喜歡的人，或者喜歡羅賓的人都出現了。家人比平常更常聚在他身邊，可以說他的身邊從來不缺人陪伴。即便在夜間，他們也在不遠處點起小蠟燭，在蠟燭的微光下輪流幫他祈禱，祈禱詞夜以繼日地默念著。羅賓有一位特別的朋友，名叫謝麗爾，她非常愛羅賓，一直和他的家人陪他到最後。似乎就應該是這樣的，像羅賓這樣的一個人，就應該要有一位他所愛的人一直陪伴著他，溫柔和善地對待他，和他共同分享生命中的最後一段日子。

在最後的幾天裡，有一天我坐在羅賓病床旁的小腳凳上，握著他的手。他拍了拍我的肩膀，對我說：「愛應該就是這樣的吧，這種感覺真好。」羅賓已經參透了神的大愛，對他來說，神就是這樣**無條件地愛著我們每一個人。**看到他清楚理解了神的愛，是一大美事；看到他在神的愛中得到安慰，是一大幸事。

羅賓的生命是一趟學習之旅，不單單是他自己每天有所體悟，也給周遭的人帶來許多啟迪。如果說他在地上的生活是一個點，那麼神從這一個點牽引出許多的人與事，每一個人、每一件事都有神的教誨。從年輕的羅賓身上，從他妹妹身上，從無私付出的義大利媽媽身上，我們都學到了很多神要我們知道的事。

一天晚上，鮑伯神父獨自為羅賓祈禱時，羅賓突然大叫：「神父，我現在該怎麼做？」神父立即躍身起來，快步走到他的床邊。他把羅賓的手握在自己手中，鼓勵他，如果聽見神在呼喚，就跟著聲音去。神會為他安排，並帶給他全然的療癒。這正是羅賓所期待的，因為要有這樣一位威權人士的引導，他才可以放心地走；在此時此地，羅賓最需要的就是這個人，指引他一個正確的方向，讓他可以坦然平靜地步向另一個世界。我們的神有無限的智慧，祂知道羅賓的需要，也知道神父的職責，把適合的人放在羅賓伸手可及的地方。

羅賓過世後，我和鮑伯神父一起去掃他的墓。我向他分享了我起初的一些想法，包括我認為應該找另一位比較年輕神父的事。我倆都因為對方的堅持而笑了。然後神父對我說：「妳不曉得神藉著這件事讓我學會多少，妳怎麼也想像不到的。」

現在回想起來，如果神沒有那樣明示我，如果我頑固地照著自己的想法去做，該會造成多大的損失啊。如果神想要傳達什麼給我們知道，祂自有辦法。這一課讓我與神父都終生受益。

羅賓的離去，對他的媽媽和同胞妹妹來說，那種傷痛是難以用筆墨形容的。然而在她們心裡，羅賓就和過去一樣和她們生活在一起。那份母子情、手足情，任誰看了一眼，也會深受感動。羅賓的生命年輕而充滿意義，只有精彩兩字可以形容。

帶著微笑告別

「我得到我想要的平靜了。我再也不會失去它。」

二十九歲的提姆外型帥氣，是高爾夫球手，也是網球高手。漂亮的蕾貝卡是他的第二任太太，他們帶著兩個女兒，過著幸福快樂的生活。在結婚第二年，一次例行的健康檢查中，提姆被診斷出長了黑色素瘤，醫師建議做進一步的檢查。檢查結果讓人失望，已經是四期了，而且癌細胞還迅速擴散到腦部、胃部和肝臟。顯而易見，他所剩的時日已經不多了。

這聽起來太不真切了，提姆這麼年輕，他愛他的太太，也愛他們的女兒，他們的新生活才剛開始，這麼突如其來的噩耗，著實讓人難以接受。不過提姆是個實際的人，他看到的是事情該有的樣子，而不是他想像的樣子。他慢慢地接受了事實，也開始安排身後之事。

病程的發展，讓許多事情提姆都無法自己處理。一個如此年輕、獨立的男人，卻要處處依賴別人，其中是怎樣的滋味，真是可想而知。為了讓丈夫保留自尊，細緻敏感的蕾貝卡總是把他力所能及的事留給他自己完成。還真是不容易啊。後來提姆連平衡能力也出了問題，我建議他使用三腳拐杖，可以讓他在走路時穩住重心。初聞我的建議時，提姆對這樣一個古怪的龐然大物非常不以為然，他毫不掩飾他對這玩意兒實在興趣缺缺。後來他答應試看看，四下無人時，他便試了試，然後很不好意思地承認說，其實他還滿喜歡的。

提姆是個自主性很強的人，哪怕是走到生命的尾端，他也依然如此。在最後的這段日子，他有一大串名單的事情想去完成。在賢內助的幫助下，他現在比平常更忙碌，一些未能實現的願望也都實現了。在告別的日子來臨之前，他們全家去了黃石公園，還選了一個清爽的早晨坐了趟熱氣球，從空中俯視大地。這些都是蕾貝卡配合他，為他準備的驚喜禮物，存在於他們之間不可動搖的真實之愛，足以抵抗噩耗發生以來的所有悲痛。

提姆一向是個幽默風趣的人，病中的他也依然不改其本色。一天他獨自一人去葬儀社，為自己的後事做些安排。他是佛羅里達大學畢業的，因此希望在棺木上也漆上藍色和橘色的校徽配色。他回來的時候，剛好我在他家裡，他一進門就笑開了，他說葬儀社的人被他的想法嚇到，那個可憐的員工被他打敗了。

後來提姆提到，他想見見住家附近衛理公會的牧師，安排一下自己的葬禮，好給家人留下最後的美好回憶。他希望葬禮的場面是歡樂的，而不是傷心難過的，他希望葬禮中有輕鬆的音樂相伴，可以記錄他一生中重要的事件，讓至愛的妻子和寶貝女兒感到安慰。他最近認識了一位很棒的牧師，於是便找了一個早上和牧師交談。這位牧師就是傑恩，傑恩是一個很感性的人，要商量這樣重要的事情，沒有比他更好的人選了。傑恩牧師事後對我說，他們一起選了背景音樂和要朗讀的內容，他說，沒人比提姆更瞭解教會的真義了。

在體力許可的範圍內，提姆會儘量讓自己忙碌著，儘量把事情做到好，免得閒下來想生病的事。雖然他心裡什麼都明白，他知道妻女失去他的痛，和他要離開她們的痛是同樣沉重。

一天，提姆突然對我說：「茱蒂，坦白跟妳說吧，我真的不想死。不過，這最後一年我過得夠精彩的，**我從未付出過這麼多的愛，也從未接受到這麼多的愛。**」

之後又有一天，我去他們家看望他，提姆表示想要私下與我談一談，說些心裡話。他開口說道：「我快控制不住自己了，請妳幫幫我。我怕這樣下去，哪天我會對蕾貝卡或兩個小女兒發脾氣，就像今天早上，我在浴室裡把肥皂弄掉到地上一樣。就是掉了，我沒辦法，而且我還無法彎腰去把它撿起來。」他的神情中帶著苦悶，也帶著惱怒，叫人看了忍不住心疼。「妳可以幫我嗎？」

「我沒辦法改變你身體的狀況，」我對他說：「但是我想我們可以向神祈禱，祂會給你我無法給你的幫助。祂知道你現在的景況，祂也知道你該如何度過這段日子。」提姆坐在我旁邊的沙發上，他點點頭表示同意。「想一起祈禱嗎？」我問。

「好的，請吧。」他回答說。

我說：「我們可以手牽手地祈禱嗎？」

提姆伸出手來，握住我的手，一句話也沒說，只是低下了頭。

「天上的父啊，祢說過，只要有兩、三個人因祢的名聚集在一起，祢就會派神子來到我們中間。神啊，我們就信祢的話語。神啊，求祢現在就出現在這屋裡，現在就與提姆同在。用祢愛的手臂把他摟在祢的懷裡，把平靜賞賜給他，這是只有祢才作得到的。最重要的是，求祢讓他知道祢有多愛他，祢與他有多親近，在祢的愛裡他有多平安。」

禱告完，我們又一起坐了一會兒。

接下來的半小時，我去廚房和蕾貝卡喝了杯茶。蕾貝卡是一個非常勇敢的女人，她深愛自己的丈夫，如果可以讓他好起來，她什麼事都願意做。只是丈夫的病情是她無法改變的。

我要離開的時候，提姆堅持送我到門口。他關上身後的門，對我說：「我現在得到我想要的平靜了。」他望著我的眼睛，語調平和地說：「我再也不會失去它。」

在之後的日子裡，不管打電話還是當面造訪，他都會提醒我，神給了他**平靜**。上帝用溫和的手撫觸了他的靈魂，他明白這一點。

「這個週末可以麻煩妳跑一趟嗎？帶我女兒們出去吃個冰淇淋？」他問。「先約週六，好嗎？」

我答應他沒問題，但是私底下卻有些疑惑，為什麼要特別選一天去吃冰淇淋呢？

禮拜六到了，小女孩們早就做好了出門的裝扮。上午我過去時，提姆費力地往口袋裡找零錢。

「今天可以讓我請嗎？」我問。

「好的，今天給妳請，不過只能今天一回啊。」他說，然後轉向女兒道：「別著急，妳們可以慢慢享用。謝謝妳啊，茱蒂。」

他與女兒告別，輕聲關照她們要乖乖聽話。他知道自己的時候近了，他的眼神透露出這一點。一個站在生命盡處的人，當他用他知你知的眼光凝視著你，那種靈魂的觸動是絕無僅有的感受。他想用最後的時光陪蕾貝卡，對他來說，這是非常重要的。我看著他在女兒面前仍然保持著與平時無異的「爸爸的模樣」，我在深深感動之餘，也覺得有點鼻酸，這是他們的最後一面了，提姆竟然還維持著那麼平靜的面容，微笑著和女兒們告別，我心裡的感觸與酸澀真的無法用語言來形容。

帶著小女孩去冰淇淋店倒是件愉快的事，我們都選了自己喜歡的口味。盡情享用之後，我們上車準備開一小段路回家。在經過一大片墓地時，最小的女孩問道：「我們可以在那邊停一下嗎？」她是說要在墓地停一下嗎？我有點懷疑。「是的，拜託妳了，我們可以下去，我把父親以後要住的地方指給妳看。」

我一句話也沒說，小心地把車轉往一旁的墓地。兩個女孩一起跳下車，她們一副知道路怎麼走的樣子。

「爸爸就會在那裡，那棵大樹底下。」一個女孩指著大樹下一塊精心修剪過的草坪說。「看看那裡多漂亮啊！水中有鴨子，天上有太陽。」兩個小女孩並排站著，一同望向父親即將埋葬的地方。她們很高興那兒很漂亮，又離她們的家很近，她們可以常常過來看父親。

看樣子提姆和蕾貝卡應該帶著兩個小女兒來過，指給她們看父親將長眠在哪裡。這對勇敢的父母對孩子做的安排，可說是窩心又可愛。小小的孩子自在地交談著，這不是什麼輕鬆的話題，但是她們卻說得非常自然。

提姆在當天晚上，長眠在蕾貝卡的臂彎裡，直到最後一刻，他的眼睛都深情地凝望著妻子。有愛妻陪他走到終點，這是他最大的安慰。

對剛剛從天堂誕生到人間的孩子來說，「死亡」不像對成年人來說那般恐懼，他們認為死亡只是到另一個世界去，是非常自然的一件事。這對深受疼愛的小姐妹，在父母的窩心安排下，已經對未來做好了心理準備。儘管失去父親會讓她們心碎，但是這段全家共度的快樂時光提供了一個緩衝的軟枕，讓她們哭累了的小臉可以安穩地倚在上面，給她們帶來一些安慰。

這對年輕而充滿活力的夫妻彼此深愛著對方，雖然離別的痛苦讓他們心痛得說不出話來，但他們仍然彼此扶持，帶著愛與勇氣，懷抱著對生命的崇高敬意，勇敢而精彩地走到最後。

回到真正的家

「我猜爺爺現在一定已經見到耶穌了！」

傑西今年七十出頭，結過很多次婚，有的子女和孫子輩的他都不認識，甚至也不知道自己有這些孩子。發現自己得了胃癌之後，他聯絡上最小的女兒，問女兒自己可不可以過去終老。這位他幾乎不認識的女兒聽了之後，竟然立即答應，這給我們大家都上了一課。我看著這位年輕的女兒，用心照顧著臨終前的老父，給家庭裡的其他人樹立了一個楷模。

此後，傑西就得到了一家人的關愛，那是他一輩子從未享受過的，甚至想也沒想過。

小女兒的屋簷下有好幾個孩子，照顧爺爺的責任由六歲的小約翰扛起。他在爺爺病床旁的地上鋪了張毯子，並用晾衣繩拉起一扇簾子當作想像中的門。就這樣，他幫爺爺「隔」起了一間臥室。約翰很少離開爺爺身邊，如果不得已要離開一會兒，他回家的第一件事就是去看看爺爺。他和爺爺之間很快就建立起親密的情感連結，讓我們不得不感歎，孩子常常是我們的表率。

胃癌擴散到身體其他部位之後，傑西體力衰退得很快。這時他常常想起、說起他以前的女人和其他的孩子們，那些他不認識也沒見過的親骨肉。和我們大多數人一樣，到了這個時候，他特別希望人生可以從頭來過。他常常對著周圍的人說起自己內心的歉疚。

病重瀕危的傑西回「家」了，這一消息不脛而走。他的家人，不論遠的近的，來了很多人看望他。原本互不相識、同父異母的兄弟姊妹初次聚在一起，大家忙著訴說自己的來歷，彼此相認。這中間表現出的**平和**、**諒解**、**彼此相愛**，是神要傑西瞭解的，對此傑西深受感動。

為什麼我們這些活了一輩子的人，有些最簡單的道理卻還得從小約翰身上得到體悟？為什麼要我們原諒周圍的人並且愛他們，會讓我們覺得這樣困難呢？什麼時候我們才真正體悟，神創造我們時便已決定我們的生命裡要裝盛什麼，除了祂沒人可以判斷我們？如果我們可以彼此接納，其他的留給神去判斷，這樣不是很好嗎？祂要求我們的，只是彼此相愛，像祂愛我們一樣，而小約翰就是祂派來的，告訴我們該怎麼做。

一天下午，我去探望傑西，他問道：「我怎麼現在就看到他們了？」他話中的「他們」是指他過世多年的父母。「而且我也同時看得到妳？」他這麼問也是自然，因為他現在處於一個此處與彼處同時接納的狀態。我解釋說，那是因為神快要來接他回去了，靈魂已經準備要離開肉體，但是肉體似乎還沒準備好。

多年照顧臨終病人的經驗，讓護理之家的護士們都瞭解到，身體、靈魂、思想、精神，錯綜複雜地交錯聯繫在一起，而造就了我們的神，要帶走的也是我們的整體。當所有部分都準備到位之後，人才會平安轉入另一種生存狀態，也就是俗稱的死亡。

每一天，小約翰都坐在爺爺的病床旁，陪著爺爺看電視，他有時還會伸出手來，溫和地撫摸一下爺爺的身體。雖然傑西的身體還是在慢慢消殞之中，他的人生也到了即將落幕的時候，但是他在小孫子身上感受到的無條件、寬赦的愛，正是他一輩子求之而不得的愛。

在傑西過世之後，小約翰問道：「他現在覺得怎麼樣？」

「如果你想知道，可以摸摸他。」我說。小約翰伸出手來，摸了摸爺爺的臉。

「那他眼睛裡會看到什麼？」他又問。

「如果想知道，你可以翻開眼睛看看。」

小約翰慢慢地爬到床上，輕輕地打開了爺爺的眼睛。「我猜他是見到耶穌了！」他說。

一個年幼的孩子，尚未受到塵世間一切欲求的沾染，會說出這樣單純真摯的話來，是再自然也不過的。他們童稚的思考中，經常會出現令人豁然開朗的金玉良言。親愛的爺爺已經去天堂了，小約翰露出很高興的樣子，說爺爺現在一定已經見到耶穌了。

看著小約翰似乎不準備離開，還想和爺爺多待一會兒，我們便退出屋外，並拉上了簾子，給他們一個獨立的空間。

接下來的十五分鐘，我把葬禮的事情安排妥當。之後我拉開了簾子，也就是小約翰口中的門，印入我眼中的畫面是：一雙小手環繞在爺爺的腰間，一條腿跨在爺爺身上，小約翰緊抱著爺爺睡熟了，一邊傳出陣陣甜美的鼾聲。

神蹟展現的長廊

「神希望你打開心門，讓你跟隨祂一同進天堂。」

強尼又酗酒、又抽菸，雖然生過一個兒子，但是在孩子很小的時候，他就背離了家庭。有好一段時間他都一人獨居，現在他罹患了肺癌，便提出要與兒子同住，他的兒子竟也答應了。

強尼是個有稜有角的人，在生病之後，因為得不到該有的照顧，他又累又急，脾氣也變得愈發古怪了。我也說不清是什麼原因，壞脾氣或者看起來壞心眼的人，總是特別引起我的關注，或許是因為我總覺得，他們內在好的一面尚未被激發出來吧。

兒子答應強尼可以去他那邊，住到可以獨自料理生活的時候。他也真的說到做到。強尼很快就搬過去了。

他的兒子是鎮上的消防員，很瞭解老人獨自在家生活隱含的危險，所以他偶爾要離開鎮上的時候，總是非常關心父親的狀況。只是強尼的身體漸漸衰弱，常常忘記服用可以止痛和幫助呼吸順暢的藥物。在好多次忘記關上爐火之後，兒子決定讓父親住去長期照護中心。強尼很快就辦好了手續，他兒子也很高興父親可以接受更專業的照顧。

強尼總說他不信上帝，但是很奇怪的是，他又常常沒什麼特別原因，就會提到神。比方說在講一件完全不相關的事情時，強尼就會突然生氣地冒出一句，說那些聰明人怎麼就信了一個看不見的神了呢。他覺得信神的人都是些軟弱而且依賴性強的人，他沒工夫理會那些人以及他們的想法。輪到我當班時，我進去他的病房，他總是說：「瞧瞧信神的人來啦。」同時還對我眨眨眼，笑一笑。我想這是因為我戴著的十字架象徵了一個他不理解，卻又有些好奇的世界吧。

其實，我們都不瞭解的是，對那些渴慕祂、但還不瞭解祂的人，神自會軟化他們的心。

在接下來的三四個月裡，我們建立起了友善的關係，我們也都知道他在世的時間不多了。兒子發現強尼對自己的態度愈來愈溫和，雖然父子倆從未談過感覺方面的事，但兒子就是知道父親想表現出友善——即使他未必知道該怎麼做。他們常常一個點頭，拍一拍肩膀，父子倆就心領神會。

強尼的菸癮很重，一輩子抽慣了，現在也改不了。但在照護中心，他只能到院子裡去抽菸，他常常央求我讓他坐上輪椅，去外頭「抽上一口」，我也都讓他如願。但是當他的體力更衰微之後，連坐上輪椅對他來說也是件困難的事了。

有一天，他又要求我「最後一回」帶他去走廊上，那裡也是允許抽菸的地方。我知道他的時候快到了，他也知道。於是我們就去了走廊。

坐在輪椅上，他靜靜地吸著菸，然後抬頭看了看對面的牆，指著牆上一幅耶穌敲門的名畫，問我那畫代表的是什麼意思。我說：「這幅畫畫的是耶穌。那扇門代表的是你的心，耶穌在扣你的心門。說說你覺得這幅畫有什麼不尋常的地方。」

他湊近畫面，仔細看了看，說道：「門上沒有把手。為什麼？」

「我們的神是親切溫和的，祂不會強行進入我們的心裡，」我說。「祂希望你從裡面**把心門打開，邀請祂進來**。所以門是朝裡開的，要由你打開。祂在門口等候，想進入你的心裡，讓你認識祂，讓你跟隨祂一同進天堂。」

他似乎並沒有被我的話打動，但是在我推他回去的時候，他卻笑得非常溫暖。

「可是假如我就是不信祂呢，那又怎樣？」他問。

晚上我安頓他睡下的時候，我提議他可以對神說：「我還沒有信祢，如果祢真的存在，就向我顯示吧。」我說。「告訴祂，你對今生做錯的地方感到後悔，如果祂在天堂，就帶著你一起去吧。」

我跟他道晚安的時候，他笑了，我們都知道這是我們的最後一面。

在這裡，我們看到了一位孤單又倔強的老人，若不是寬容見諒的兒子，他會孤獨地老去；我們看到一位兒子把過去和傷害放在一邊，全然地接受父親，還毫無保留地給了父親敬重和愛護；或許老人也用了一輩子的時光來尋求神，卻不知道該如何追尋。我們更看到了有一位神，祂總是守候在門外，等候時機來安慰、愛護迷失的靈魂。

強尼在第二天凌晨時分過世了。值班護士打來說，我離開之後，他便沒再移動過身體，就這樣安然睡去。護士讓我通知強尼的兒子（他剛好離開鎮上），讓我在他兒子未到之前，先幫忙打包老人的衣物，方便下一位要入住的病人。

晚一點我去護理中心時，經過前一晚強尼和我待過的長廊，赫然發現牆上沒有任何耶穌的畫像。我向護士打聽這幅畫的去向，她驚訝地說，這裡從來就沒有這幅畫。這家護理中心只有這一處長廊，而且這裡確實是我推強尼來吸菸的地方。仔細檢查走廊及牆面，也沒有釘子的印痕或是褪色的痕跡，我認為那位護士說的沒錯。牆面上從來沒有掛過畫。

這讓我和護士都說不出話來。這些誰可以解釋呢？而這又哪需要其他的解釋呢。

充滿祝福的新家

「我感覺到祂帶來的平靜。我知道，祂就在附近。」

九十歲的瑪格麗特是個獨立的女人，五十多年來，她獨自生活在一間公寓裡。患了胃癌之後，她的身體變得非常衰弱，也即將面臨死亡的到來。但是即便如此，她依然想在自己的小公寓裡終老，她也婉拒各式的治療。

在瑪格麗特已經無法安全照料自己時，她的護士說服了她去照護中心。要離開住了五十多年的老家，她並不開心，但是想到獨居的不安全，她勉強同意了。搬去照護中心之後，周圍的環境和貼心的照護立即讓她的心情釋然。

在她入住的當天晚上，我接到一位社工打來的電話，對我說瑪格麗特希望見見我，要我幫她找一位律師，安排把她所有家產轉交給照護中心，她希望可以把自己受到的關懷和照顧分享給中心的其他人。

瑪格麗特的時間並不多，以我的感覺，她在世上的財產似乎也不太豐厚，但是我還是在當天就給她安排了一位律師。真是神的安排，這位律師的母親曾經有好一陣子與瑪格麗特住對門，因此他們有很多話題聊，這對瑪格麗特是很大的安慰。況且這位律師生性和善，更讓瑪格麗特覺得談話非常愉快。

幾小時內瑪格麗特就辦好了手續，她在俗世的財產留給了其他和她一樣居住在照護中心的人。瑪格麗特要求坐在輪椅上，繞中心一圈，因為她「想看看新家裡每一樣美好的事物」。這一圈走了兩個小時，因為在每一幅畫的前面，瑪格麗特都停了下來，仔細看著是哪位捐贈的、如何送來的，又是放置在牆面的什麼位置上。

晚上要離開前，我又去看了一下瑪格麗特。她對我解釋說，她一生都沒信過神，但是今天來到這個新環境，她在很多人的臉上、言語上和行動之中，都感受到了一種之前沒有感受過的平靜。她說：「這是因為神的關係嗎？人們常說，**神就是愛**，說的就是這個嗎？」

她想知道自己為什麼會有這樣平靜祥和的新感覺，我對她保證，神會親自來這裡造訪她，也會讓她在周圍的人身上，看到神的存在。

「我感覺到祂帶來的平靜。」她說。「不管什麼時候，我看到妳和其他照顧我的人臉上總是帶著笑容，我知道，**神就在附近的地方。**」

對瑪格麗特來說，這一天意義深遠：她搬到了新家，委託律師安排了財產事宜，對神以及神的愛有了新的體悟，而這一切都是在極短的時間裡完成的。

把她安頓在床上，要離開前，我再次安慰她說，晚上她會得到溫和的呵護，她需要什麼儘管說，神會親自看顧她左右。第二天凌晨，瑪格麗特就過世了。在二十四小時內，她搬到了一個溫暖的新家，身邊有人照應，處在充滿愛的環境中，還得到了神賜予的寧靜，最後平安地離開了。

我們的神是多麼奇妙，祂用小小的一步，便把祂眷愛的孩子放在平安的環境中，讓他們感受到神的愛，感受到神的存在，感受到神的恩典。藉著來處理後事的律師，藉著來照顧左右的護理人員，瑪格麗特的心靈深深地受到觸動，讓她得到心裡的安穩。而瑪格麗特也有一顆善良的心，雖然她擁有的不多，卻樂於將她所有的一切分享給別人。貧困寡婦的一個小錢，大過有錢人的大錢。雖然認識瑪格麗特不久，但是我們都以認識她為榮。

第二天，瑪格麗特給中心的捐贈物品送到了我的辦公室。兩隻大袋子，是她在世上的全部財物。裡頭有一些舊信件、一些照片，還有一個小盒子，裡頭裝著幾支別針和一些紀念品，一副三〇年代的吊襪帶，還有一本家人手抄的《聖經》。

經過一番詢問，我得知瑪格麗特有一位遠房的姪女，年輕時就認識瑪格麗特姑姑，她很樂意接受姑姑留下的物品。聽到姑姑在最後的時刻有一群關心她的人做伴，最後平靜地離開，姪女覺得非常欣慰。

良善的代言人

「我總是想啊，在走之前，可以再見妳一面。」

「我認識妳的。」下午我在醫師辦公室裡接電話時，電話另一端的她說：「很多年前，妳照顧過我的父親。」

沒說幾句話，我們就在很短的時間裡想起了一位五十多歲的腦瘤患者，他是在家裡由家人照顧的，他有幾個很聽話的孩子，還有一位漂亮的太太，名叫凱蒂。

「我的媽媽也在一個照顧中心。」電話那端的女兒說。「她最近不太好，媽媽唯一的願望是在生前再見妳一面，她常常說起，父親過世前妳曾經照顧過他。可以麻煩妳過來看看她嗎？我想媽媽在世的日子不多了。」

我記得凱蒂是位賢慧美麗的妻子，多年前她曾經非常仔細地照顧自己的先生，她全然投入的真摯之情和滿滿的恩典，讓人難以忘懷。我答應她的女兒第二天就過去。

隔天一早，我找到了寫著凱蒂名字的房間，敲了門。屋裡還沒有開燈，我輕聲叫著：「凱蒂，凱蒂？」

一個微弱的聲音回答說：「在，在。」

「我是茱蒂啦。」說著，我輕輕走進房間，在她的床邊坐下。

我詳端眼前這位病中的女人，她奮力打起精神來，在晨光中支起身體，顯得美麗而脆弱。她伸出雙手，抱住我前後晃動著，好像在搖著一個小寶寶。我們就這樣坐了好一會兒，說起了很久之前的往事，那時她還過著悠閒的時光。

「噢，我不敢相信妳真的來了，」她說。「我總是想啊，在走之前，可以再見妳一面。」

我們一起說著過去，十八年的時光一轉眼就溜走了。我們聊起了那時她的先生還健在，她的日子也十分快活而自在。後來他先生病了，他們在起居室裡臨時給先生安排了休息寢居的地方，先生在臨終前，常常提起妻子的種種美好。過去真的叫人留戀，而她又充滿熱情地對我說，她是多麼期待能與先生重逢。

一週後，凱蒂在睡夢中平安地過去了。我真的非常感謝她的女兒及時打電話給我，讓我有幸去見了她最後一面。

神行事從來不只讓單方面受益。祂總是讓各方都能夠在生命的歷程中，有所學習、有所成長——只要我們願意打開自己的心、打開自己的耳。祂以神秘的方式，讓每一個人都學會祂期待我們學會的功課。在凱蒂身上，我瞭解到愛一個人可以有多深，而她美麗的神情，更讓我看見了神的身影。她的美是由內而外散發出來的，因此從來不曾改變。她是俗世中善良神聖的代言人，她瞭解愛的真諦，也落實在一生的生活中。有幸認識她，真是我一輩子的榮幸。

一朝成朋友，終生永難忘。神讓我們相識，共同分享了一段美好時光，並讓這份友情永不褪色。

帶來療癒的小天使

「原來他都知道，他什麼都知道！」

小查克今年才三歲，卻已經走到生命的盡頭了。年幼的他深受病痛的煎熬，隨時會面臨死亡的威脅。對此，他的母親傷心欲絕，而他的父親，一位海軍軍官，根本不願接受這個事實。即將面對的喪子之痛讓這對年輕的夫妻無法承受，兩人都選擇逃避現實、閉口不談，獨自承擔著莫大的壓力與痛苦。

時間一天天過去，小查克在世上的日子一天天減少，而大家承擔的擔心、恐懼、焦急，卻在一天天增加。

小查克的父親對即將面臨的離別不知道該說些什麼，因此什麼都沒說；而小查克的媽媽因為覺得很難有人真正了解她的痛與失落，也選擇了沉默。這對年輕的夫妻十分需要幫助，讓他們可以面對即將來臨的悲劇；這個三人小家庭也十分需要引導，讓他們可以走出這份無邊無際的可怕傷痛。最重要的是，時間流逝如飛，這家人已經沒有多少本錢可供浪費了。

小查克有位很棒的護士，名叫凱利。這一天，她帶來了很大一疊圖畫紙，放在小朋友的面前，讓小查克把自己身上發生了什麼事畫下來。

小查克坐在床上，父母各坐在他的左右兩側，他便拿起筆來。他先畫了一艘很大的船，就是三歲小孩會畫的那種充滿稚氣的船，船中央站著一個女人，手臂垂在身體兩側，大顆的晶瑩淚珠從女人臉上流淌而下，滴落在她的衣服上，還有船的甲板上。在船的右側遠方，有一個穿著軍服的男人身影，戴著帽子，衣服上有很多彩色的鈕釦。畫在男人臉上的線條，顯示出他的難過悲傷。在圖畫紙左邊的角落，有一條小船，愈開愈遠，幾乎快要看不見了。

看到這畫，小查克的父親終於忍不住連日來的悲苦，一下子哭了出來：「原來他都知道，他什麼都知道！」他流著眼淚說道。

一個連學校都還來不及上的三歲小孩，用一張圖畫告訴父母，自己身上發生了什麼事，他似乎並不擔心，只是怕爸爸媽媽不了解。這幅畫為他們打開了一扇門，眼淚和親吻都湧了出來，他們抱著小查克哭成一團，一家三口緊緊地擁抱在一起，他的父母終於接受現實，決定與小查克一起勇敢面對即將到來的別離。這張畫也讓年輕的父母對將來有了一個心理準備，他們會互相扶持，共同承受失去珍愛小寶貝的痛苦，同時也深深珍惜小查克給予他們的力量。

小查克想讓父母知道自己的未來將要發生什麼，他藉著一幅畫做到了。

這個故事是由那位愛心護士分享給我們的，她使用了神給她的天賦，幫助了一個年輕的家庭，也給我們照顧臨終病患的人都上了重要的一課，讓我們對自己的工作有更深、也更感性的了解。

點亮靈魂的燈

「母親的身心都得到了安頓，不再有擔心或痛苦。」

「走廊那頭有個腦癌患者，她無法說話，」年輕的護士走進我的辦公室時，說道：「我猜她想找人同她一起祈禱，可以麻煩妳和我一起去一趟嗎？」

看來這位病人是天主教徒。我想，大概有人對她說過「只有天主教徒才可以和天主教徒一起祈禱」之類的話吧。所以即使我這邊跟她解釋說，神是跨教派的，她可以和其他派別的信仰者一同祈禱，可能也很難說服她。

進到病房裡，我見到一位六十五歲上下的女性病患，她的模樣非常慈祥，但是惡性腦瘤讓她身體一側幾乎不能動作，也不能說話表達想法。病人家屬解釋說，她以前習慣每天去教堂，和教友分享屬靈生命。她似乎想對家人表示有些要求，但是又無法表達清楚，他們不曉得她究竟想要什麼。

我對愛蓮說，我也每天去教堂，所以我很樂意在一天開始的時候，與她一同祈禱，分享屬靈生命。聽完我的話後，她的臉龐瞬間明亮起來，亮得就像一盞被點燃的燈，她還伸手搆著我的外套往她身邊拉，並努力地笑起來。

病房裡的每一個人都看得出來，我猜中了她想要的。耶穌的慰藉和療癒是她生命中最重要的事，在快到生命結束的時候，更顯得不可或缺。

我們第一回見面之後，每天早上都一起祈禱，共同經歷了出現在她生命中的神，也在祈禱中說起她認識、敬仰的神。她很確定自己很快就要與神相遇了，而且她似乎非常期待這個時刻的來臨。幾週後，她在睡夢中悄然而逝，身體和靈魂都得到了安息。

愛蓮過世之後大概十來天，有一天，我辦公室的門上傳來一陣敲門聲，一位三、四十歲的女子站在門外，她的手上捧著一個舊式耶穌受難的十字架，自我介紹是愛蓮的女兒。

她對我說道：「我們把母親帶來環境優美的照顧中心，讓她的身體和心靈都得到了安頓，她不再有擔心或痛苦。她在照護人員的身上找到了溫情與柔情。不過我們最感謝的是妳，因為妳的造訪，因為妳持續每天都與她一起晨禱，讓她在早上的時候可以與神交流，而給了她**心靈的安慰與療癒**。我想，母親一定很樂意我把這個送給妳。」說著，她將手中那個精美的十字架遞給我。她說，自她有記憶以來，這個十字架就掛在母親的床頭，可說是他們家的傳世之寶，現在她要將這個珍貴的寶物分享給我。自那天起，這個十字架就在我們家佔據了一個特殊的位置。

與愛蓮度過的那段時光，對我來說同樣意義深遠。與一個神已經準備好要接回天家的人相伴，這樣的經歷是難以用語言解釋清楚的。我見證了一個虔誠的靈魂，她被神所環抱，進入天堂的一處角落，安息在神的國度裡。

在一生中，我們認為什麼最重要，在離開人世時我們依然會這麼想。對愛蓮來說，**與神交流**就是一件最重要的事，因此，唸誦平日裡熟悉的祈禱詞，可以給她帶來極大的安慰與平靜。而愛蓮女兒貼心的安排，看來也得了母親的真傳，與母親一樣，她有一個善良柔軟的心。

平靜的終點

「如果你想走，就去吧，隨我們的神去吧。」

威廉是位九十二歲的老先生，我之前照顧過他的太太，此後我們就成了咖啡之友，就是有空會一起喝杯咖啡的朋友，這份友情維持了二十多年。

威廉是個非常獨立的人，妻子過世後，他繼續過著獨立自主的生活，只要有需要，他不惜從一座城市趕往另一座城市；只要工作上有需要，身為飛機製造者的他，也會立即著手製作一架又一架的飛機，排開其他意見相左的聲音。

患上淋巴癌之後，短短幾年內，威廉的體力就衰退得很厲害，顯然一個人獨居已經大不安全了。但是不管我怎麼勸，他總也不願和兩個住在外地的兒子一同居住。他會對我說：「他們有他們的生活，我有我的，我不想互相干擾。」

經過了幾個禮拜的溝通，他終於點了頭，同意讓我和兩個兒子談談。我打電話給他的兒子，請他們跑一趟，他們立即就來了。

威廉的長子與父親的聯繫密切些，父親的私人事務也都是由他一手打理的。威廉對小兒子也是一般疼愛，不過他們已經有一段時間沒見到面了。兩個孩子都有了自己的家庭，肩上也都扛著照顧孩子的責任。對於孫兒輩，威廉就更是疼愛了，他常常談起自己的幾個孫子，說到他們人生中遇見的困難。

除了威廉本人之外，他的家人都認為父親應該和他們住在一起，以便在父親有需要時可以立即提供幫助。我知道若要把威廉安排到照護中心，手續上是沒有問題的，問題在於只有我這麼想，他們一家子都不願如此，所以只好打消這個念頭。

他們同意搬進一個輔助性的臨時居所，大家暫時住在一起，威廉可以和孩子共享一段天倫之樂，特別是不太親近的小兒子，因為同住一個屋簷下，而多了相處的機會。他們對這樣的安排都很滿意，也充滿期待。

雖然我覺得威廉的身體狀況並不樂觀，他剩下的時間也不多了，但是這些話威廉的孩子們是聽不進去的。在他們看來，父親要和他們過上好一段幸福生活。讓父親安頓下來，在有人照顧的家裡安心居住著，對他們來說是頭等重要的大事，而且他們也確實安排好了。他們每天承歡在老人膝下，給他購置新的液晶電視，各式各樣父親喜歡的玩意兒都張羅了來，慶祝與父親的「新同居」生活。

漸漸地，威廉適應了新的居所，也適應了兒孫們熱熱鬧鬧聚在一起。不過相聚不到一週，比較少在一起的小兒子竟因心臟病突發而暴斃，這對老威廉來說是一大打擊，但是另一方面，他也對神充滿感恩，因為神的安排，他才有機會陪小兒子度過最後一段時光。

威廉對我說過，他一輩子最欣賞兩位神父，一位是他在二戰時認識的，一位就是賽謬斯神父。在威廉的妻子臨終前，賽謬斯神父曾經過去安慰她，後來葬禮也是他主持的。說到賽謬斯神父，威廉充滿感情，也很想再見他一面。「我想這一天已經不遠了吧，」威廉說：「需要的時候，我會跟妳說的。」

不到幾個禮拜的時間，威廉的體力急速地衰退，狀況也愈來愈糟了。他對我說，叫賽謬斯神父來一趟吧。神父當天就來了。他們在一起待了好幾個小時。事後威廉告訴我，他們聊得很開心，也很舒心，聊過之後，他確信神是愛他的，原諒了他所有的罪過，全然地接受了他，他因而重新得到了平靜。那時我看到的他，果然是二十多年來最平靜的模樣。

過去，當我們還常常在艾平森林用餐時，威廉說過，他希望哪天離開這個世界的時候，我可以陪在他身邊。對此，我們早已達成一個共識，就是在他生命最後的時刻，他可以來我家裡。他一直是個不願意麻煩別人的人，只要人生走到最後時有人陪，而且有我始終作他的朋友，這兩點就足夠他寬心了。對於生命終點的討論，他總是帶著十分的幽默，我們常常好奇，不曉得周圍的人若是聽見我們說笑的內容，會作何感想。

威廉搬家後不久，病情便進一步惡化了。我們三天碰一次面，平日有時通通電話。一天，我三天一回的探訪結束後，有個聲音對我說，讓我再回去看看他。下午我便又過去了。威廉很沒有精神，然後一直感到噁心，什麼都吞不下去。他直直坐在椅子上，臉色蒼白，卻又盡力做出勇敢的樣子。

我感覺到他快撐不下去了，在當班護士的幫助下，能用的辦法都用了，依然不見緩解。什麼都試過了，什麼都沒用。我不忍在這般狀況下，留下他獨自一人，便答應他晚上會留下來。我還向他提議，如果狀況沒有改善，便轉到我們的照護中心來。他很確定地說：「沒那個必要，不用麻煩的。」會提議去照護中心，是因為我無法緩解他的噁心症狀，無法讓他身體上覺得舒服一點，去中心的話，至少在這方面有專業的協助。但是依然獨立的九十多歲老先生卻清楚地向我表明，他覺得自己沒問題，也沒必要換地方。

那天晚上，我就握著他的手，陪在他身邊。兩個相識多年的朋友，他感謝我的陪伴，而他要什麼，我也立即遞上。但是幾小時下來，他依然不斷噁心、嘔吐，人也更加虛弱了。這時他才讓步，願意我安排他住進照護中心。我早就已經關照了一位護士，請她先開好病房，等了整晚了。

下面的一幕真是讓人印象深刻。換上睡袍的威廉坐在擔架上，雙臂交叉在胸前，對當班的護士大聲說著：「我沒事的，勞煩妳了。不用太費心。」護士露出難以置信的神情，因為我已經對她嘮叨了好幾個小時，說威廉已經病危了，結果她看到擔架上的威廉神智清楚，聽見他還有力氣大聲說話，幾乎不敢相信。

照護中心的醫護人員用靜脈注射藥物後，威廉的症狀終於緩和了。他舒服一點之後，也說搬過來是對的。於是我便先告辭，並保證明天一早立即趕來看望他。

二十多年來，我早就答應過威廉，要在最後的時刻陪伴他，而現在怎麼看也像是最後的時刻了。坦白說，我離開時心裡非常不安，但是他看上去神情非常安詳的樣子，我也知道在照護中心他會得到妥善的看護，於是我便離開了。離開前我打了電話告訴他長子病情的變化，讓他盡早趕來，他說這就上路，明早一定趕到。

第二天一早，我去的時候，發現威廉正靜靜地睡著，他的兒子和護士站在病床尾端，輕聲說著話。人們總說，**一個人是怎麼樣活著，走的時候自然也是那樣離開**。威廉是個安靜、低調的人，他注重私人空間，注重自己內心的想法，現在病房裡靜悄悄的，一如他喜歡的樣子，這臨終前的平靜宛如他一生的生活，不誇耀、不聲張。他一向如此。

在他生命的最後時刻，我握住了他的手，在他耳邊低語：「現在一切都妥當了，沒什麼可擔心的。如果你想走，就去吧，隨我們的神去吧。**祂愛你，祂在等候你。**」

平靜地吐納了三口氣息之後，他悄然辭世。

威廉是一個很棒的人，能夠與他為友，是快樂而幸福的。在那些一同喝咖啡、一同用餐的時光裡，我們分享了許多生活中的喜悅，也分享了許多生命中的小秘密，那些往事，那些情誼，是無價的。關於他的，以及對我們快樂時光的記憶，是我永遠的珍藏。

我在這裡還必須提到一位非常傑出的醫師，那就是威廉的主治醫師東・約翰。他和威廉彼此信任，讓他可以坦言威廉的病情以及可能的病程，這樣開誠布公的討論，讓威廉能主導自己未來的照顧計畫。威廉非常欣賞也非常敬重這位醫師，這份友情讓威廉可以到最後一刻都維持著一向的尊嚴。他們的興趣也有很多相似的地方，比方開飛機，以及製造飛機的知識。

說起這位醫師朋友，威廉總是非常熱切。醫師也是「人」，他們也把病人當「人」來看，特別是已經走在生命末端的人，還有那些因為死亡的靠近而飽受摧殘的人。約翰就是這樣一位仁慈的醫者。

撫慰傷痛的黃玫瑰

「每年的紀念日，總是有朵黃玫瑰開得特別艷。」

洛蘭小寶寶來到這個世上，才剛滿六個禮拜。她天生就有心臟方面的缺損，無法醫治，這註定了小寶寶的生命之火即將熄滅。在醫院也束手無策的情況下，小洛蘭由她年輕的父母帶回家照顧。

年輕的父母行動力強，依常理來看，他們能夠處理很多狀況，遇見問題不是應該都能迎刃而解嗎？碰到損害，他們不也應該有足夠的韌性去平衡、修復嗎？

但是，世事怎可能盡如人意。這對年輕的夫妻盡了一切努力，但是可愛的小女孩卻毫無起色。他們只能傷心失望地照顧小寶寶，直到她在自己家裡最後一回沉入安眠。

「我們可以把她放在我們床上，和我們再睡一晚嗎？」父母問照顧小寶寶的護士。

「當然可以的。我明天一早過來，幫忙你們一起給她洗澡換衣。」護士答道。然後隔天他們會載著身穿受洗袍的小寶寶去葬儀社，把小寶寶放入白色的小棺木當中，埋入黃土。

第二天早晨，在與年輕夫妻會合的路上，經過一家花店的時候，這位護士停下車來，選購了幾朵黃玫瑰。她不知道自己為什麼要買黃玫瑰送給這對年輕的夫妻，她只是覺得受到某種感動，就去買了。這位可愛的護士哪裡會想到，幾朵色澤柔和的黃玫瑰帶來的竟然是莫大的療癒力量？這對夫妻看到玫瑰就笑了，因為在他們眼裡，黃玫瑰象徵了神對他們的愛和關心。他們知道女兒小洛蘭現在已經回到了神的身邊，那裡非常安全。

在人生最悲哀的時候，可以近距離用最直接的方式見證到純粹的信仰，特別讓人屏息、為之驚歎。在痛失初生愛女之時，這對夫妻卻可以在黃玫瑰中找到安慰，

因為他們的信心，使他們透過不期然降臨的一束黃玫瑰，**看見了神的訊息**。

信仰打造了我們的生命，落實在生活中形成一個溫柔的所在，當悲劇來臨時，成了保護我們的一處緩衝區。周遭人們的故事銘刻在我們的腦海、心中，讓我們一生都受到教誨。神讓我們有機會照顧一些人，而這些人又把他們的信仰故事分享給我們，誰付出，誰得到，誰說得清呢？

幾年後，在一次大型聚會中，我又分享了這個故事。一位年輕的太太走上台來，她對我說：「我就是小洛蘭的母親。故事還沒有結束。小女去天堂的時候，有位朋友送了我們一些玫瑰苗。」她接著說下去：「每年的二月裡，小女亡故的紀念日，總是有朵黃玫瑰開得特別艷。」

她謝謝我轉述她女兒的故事，讓大家都記得她。我想她一定沒料到，這個故事曾經激起了多少人的回響。多年來，我拋出這個故事，總會引出更多的父母分享他們失去孩子後，以意想不到的方式得到安慰的經驗。他們同當年那對年輕父母一樣，在信仰中獲得了安慰。

可以看見神蹟的地方

「誰看到這些還會不信有神存在呢？」

喬爾是個十五歲的少年，在與癌症病魔纏鬥了五年之後，他光榮地輸了。他的父母非常愛他，之前因為生病的關係，他們沒有特別帶他去教會，但是到了現在，眼看著時間不多了，他們心急如焚，希望喬爾可以早點認識神。

教區的牧師很喜歡喬爾，也了解他父母的急切心情，便對這個孩子付出了更多耐心。他花了很多時間向喬爾解釋神與天堂，盡力幫助這一家人了解這個年輕的生命在地上的意義，以及要去天家的意義。

喬爾有間小臥室，很多時候他都是在這間小臥室裡靜靜休息。他的床緊鄰著一扇窗，窗戶很窄，但是很高，上下至少有八英尺。過去的幾年，他每天要對著這扇窗戶好幾個小時。一天我去看望他時，不由得問他，窗外到底有什麼東西這麼吸引他。

「這裡是可以看見神蹟的地方。」他平靜地說。接著他說到，一年又一年，如何看著窗外斑駁的樹皮脫落地上，成了護根；他說到，松鼠和鳥雀如何以樹為窩，居於斯，食於斯，每天忙碌生活；他還說，他也看到從深褐色貌似枯死的樹幹上，冒出了小小嫩芽，並在很短的時間裡就開出花來。他說，雨水打在帆布窗遮上的聲音有多美妙，雨水滲透地下滋潤萬物有多奇妙。他說，自己和許多人不一樣，他喜歡看窗外的葉落，因為這樣才可以期待明年春天的新綠讓樹重新美麗起來。

「誰看到這些還會不信有神存在呢？」他說。「這很簡單啊。」

喬爾藉由樹的榮枯給我們上了一堂課，他提醒了我們神是如何藉由陽光雨水來滋潤萬物的：在傷心難過的時候，祂帶給我們美麗和平靜，承諾所有信祂的人一個新的生命。喬爾可能比我們大多數人都更了解神，而一個少年質樸而鮮活的見解，為我們開啟一片純然明亮的視界。

之後，我們隨即就決定靜靜坐在他身邊，學著他看窗外，學著看那塊「可以看見神蹟的地方」。

小孩子常常是我們的老師，只要我們願意觀察和傾聽他們的言語。神讓喬爾了解到生命的真諦，以及美的真諦，這是大多數人花了一輩子時間都在尋求的。神在創造喬爾的時候，就知道他在地上的時日不多。神允諾過，祂要讓簡單的人明白，讓聰明的人困惑。

我不知道各位讀者的想法，就我來說，我寧願做喬爾口中看得見「簡單」真理的簡單人，而不要做被自己的聰明擋住眼目的聰明人。神啊，求您幫助我們都來做看到簡單真理的人，使我們不錯過可貴的真理，使我們能謙卑地領受生命的祝福。

溫柔相伴到最後

「我從未見過一雙眼睛裡可以飽含這麼多的深情。」

山姆和貝蒂二個人過著王子公主般的生活，如果可以長長久久這樣下去，他們說什麼也願意。他倆的生活讓在一旁看的人都覺得非常可愛：貝蒂是一個歌劇中依偎著男主角的優雅美人，而山姆是個漁夫，每天和一群朋友享受著戶外生活。天氣好的時候，山姆和朋友總是相約釣魚去，而貝蒂則皺著鼻子說：「別指望我煮魚啊。」山姆便和朋友大笑起來。在他們周圍，看著他們生活，真的是一件很可愛又逗趣的事。

不同背景、不同經歷、不同品味的人，總是容易受到對方的吸引。我想這是因為我們心中隱約明白，單獨的個體並不完全，我們缺少的部分，只有藉由別人才能得以補足。這就是我們要有家庭生活、要有婚姻、要有朋友的原動力。愛讓人與人相處變得可能，愛也是山姆和貝蒂走到一起的原因。

但是山姆被診斷出癌症末期後，他的身體狀況立即惡化了，事出突然，讓人措手不及。照眼前的狀況來看，他將不久於人世。你可以想見，這對感情篤厚的夫妻將要一起面對生活的遽變，在海邊的家裡度過最後的相處時光。

一個禮拜天的下午，貝蒂打了電話給我：「我覺得山姆的狀況好像不太好，」她說。「可以麻煩妳到海邊來一趟嗎？」

十五分鐘後，我就見到了美麗卻哀愁的貝蒂，以及陷入沉睡的山姆。

貝蒂靠近床邊，對山姆柔聲說：「醒一醒，看看誰來了。」

山姆緩慢地睜開了眼睛，把頭轉向妻子，臉上露出笑容。再把頭轉向我時，他的眼裡充滿了感恩，似乎他非常的清醒。我剎那間明白了他的用意，他在等著有人過來，不希望心愛的人獨自承受一切，現在有人來了，他一臉的釋然。

他凝望著她，我從未見過一雙眼睛裡可以飽含這麼多的深情。山姆就這樣含笑看著妻子，慢慢闔上了眼睛。

深愛的丈夫直到離開的最後一刻，仍全心向她傾訴柔情，讓貝蒂深深感動。溫柔原本就是貝蒂的特質之一，是她把這份溫柔的感情教會山姆，而山姆又將這份珍貴的禮物獻給貝蒂。

他們知心相伴至最後。相處的日子固然短暫，卻滿溢著動人的幸福光輝。

最懷念的身影

「祂讓曼黛蓮透過我，看到了自己的母親。」

曼黛蓮是我先生的執行秘書，在六十八歲退休後，她打電話給我，想來照顧中心當志工秘書。

曼黛蓮是加拿大和法國的混血兒，一生未婚，個性自律而果斷。她曾經參與協助了許多大公司的創立，她工作勤奮、事業有成，所以對於懶散和無能的人，她特別覺得無法容忍。她肩上扛的責任，手上完成的工作，以及做事的效率，可說是無人能及。正如我對她坦言的，她很快成了我的左右手，為我想、為我操心，省我的時間、省我的精力，在照顧中心做義工的七年時間裡，她做出了很大的貢獻。

每天九點一到，她便走進辦公室，下午四點離開。一整天她都待在辦公桌後面，午餐是一罐優格加一杯咖啡，下午較晚時，以巧克力或覆盆子當點心。此外她從不吃零食，即便是最甜美可愛的蛋糕也誘惑不了她。上班時，她的腰桿挺得比誰都直。

來我這裡受照顧的病患很多，他們的故事曼黛蓮也會聽說，在我與病患或家屬通話時，她時常靜靜地在一旁聽著。死亡過程的自然發生，以及神對每一個人的眷顧，總是讓她覺得非常神奇。她特別喜歡與我的病人交談，聽他們訴說自己受神保守的故事。

「有一天當我要離開人世的時候，會是什麼樣的情況呢？」一天，她突然問道。「哪天我生病的時候，我們會怎麼做？」

這個問題讓我意外。我對她說，首先，我們會坦誠地談一談，然後「她會住進來，我們會陪她到最後。」

「還不錯。」她說，便結束了這一話題，不再提起此事。在某個程度上，她已經預感到自己的時候快要到了，而她是個喜歡把事情安排得井井有條的人。

曼黛蓮一生付出很多，幫助了許多人。在地方照護中心的草創時期，因為她的經驗、決策力和不懈努力，讓我們工作順利許多。在回顧過往時，我總是對她說：「若沒有妳的幫助，我們沒有今天。」她聽了，就會挺直了身體，笑著說：「謝謝妳這麼說。謝謝。」

這個世界，付出與得到好像一對孿生兄弟。那些曾經付出的，也會以其他方式受到同樣的回報。那些照顧別人、指導別人的，往往也會被受教者照顧。對曼黛蓮也是如此，她付出的一切，讓她在最後需要的時候，都回報給了她。造我們的神了解我們，認識我們、也知道我們的付出。

之後的一年，我開始注意到曼黛蓮的些許變化，她走路不那麼快了，變得比較容易疲倦了，有些事她開始力不從心，但是她依然天天來幫我。

有個下午，一位護士對我說：「曼黛蓮在停車場跌倒了，」她說。「但是她不讓我幫她，自己拍拍灰塵，便開車離開了。」

我立即打電話給我兒子，讓他去曼黛蓮的公寓等著她回來。果然如我猜想的，雖然她可以自行走出車門，但是除此之外，她行動卻很受限制。幾小時後，我過去看她，她坐在廚房的餐桌邊，用著下午點心。

「我要看著妳站起來才放心。」我說，心裡知道她是沒辦法做到的。

在我的堅持下，曼黛蓮進了急診室，也立即辦理了入院手續。雖然跌倒並沒有造成骨折，但是充血性心臟病及肺氣腫也是頗棘手的病症。五天後，簽好出院書，曼黛蓮就要回去了。她的家是兩層樓的公寓，臥室在二樓。和主治醫療簡短聊過她的居住環境之後，醫師改變了決定。

「我明天要回去了，」她說：「是回去妳家。肯說的。」

肯是我最小的兒子，和曼黛蓮最熟，幾次有事都是他跑去曼黛蓮家。那天下午他去醫院看望曼黛蓮，也沒和別人說話，只簡單對曼黛蓮說，她不能獨自返家，而是要搬去我們家。曼黛蓮後來就搬來了我們家裡。

曼黛蓮有自己的房間，裡頭裝置了閉路系統，她最小的聲音和動作都有所記錄。剛開始的時候，她每天晚上都要測試一下，以確定我可以在六十秒鐘內到達她的房間。她很快就安頓下來，依然吃她喜歡的食物，雖然身體一天天衰弱下去，卻覺得安心而快樂。

接下來的幾個禮拜時間，我們度過了許多充滿歡笑的快樂時光，這是多少金錢都換不回來的。有一天我正坐在起居室裡，在那裡我可以看到她在床上休息。我們先前曾做好約定，如果她要起床，就要叫我們去幫忙，但是那天她不知怎麼就忘了。我看見她突然坐了起來，接著又站了起來。我急忙衝進她的屋裡，她的行動好像慢動作似地，在我進去的瞬間，她往下倒，我想緊緊抱住她，卻止不住跌勢，反而被拉著跟她一起慢慢往下滑。兩個人面對面坐到了地上，我們相視片刻，大聲笑了起來。

我叫肯來幫忙，他就在隔壁的一個房間洗澡，聽到叫聲他立即跑了過來，身上還是濕的，只在腰間圍了一條浴巾。肯讓我自己起來，然後把雙腿跨在曼黛蓮腿部的兩側，非常小心地扶她起身。曼黛蓮依然同平日一樣幽默俏皮，她直直望著犬子的浴巾，笑說：「很高興又見到『你』了。」我們家的肯回答也很妙：「這回可沒空說笑了，曼黛蓮。」

曼黛蓮就是這樣的人，不管遇上什麼情景，不管碰到什麼事情，她都有辦法把你逗笑。即便是現在，坐在地板上，自己都起不來了，她還是可以笑出聲來。

有一天下午，我俯身幫曼黛蓮拍鬆枕頭時，她伸出手來，撫摸著我的臉，說道：「Ma mère, Ma mère.」這是「我的媽媽，我的媽媽」的意思。她說的是小時候熟悉的語言，我們過去一起共事時，她曾教我說過。我們的神真的非常奇妙，祂讓曼黛蓮透過我，看到了自己最懷念的母親，對此她非常激動。

我們的神是很會安慰人的，祂了解我們的心思，所以用這種方式讓曼黛蓮在生命即將結束的這段時間裡，過得安適、舒心，並且讓她透過我，看見了她最熟悉的母親的身影。我不甚了解的是，或許我們內在都有某種連結，是一個整體化成的部分，只有藉著彼此，我們才能找到完整的自己吧。

這天晚上，一位相交五十年的老友來看望曼黛蓮。他們一同回憶著往事，回憶著過去的美好時光，屋裡不時傳出悅耳的笑聲。神父為曼黛蓮祝福，也給了她與神交流的時間。神父禱告結束後，讓我拿點喝的給曼黛蓮，我順手遞過床頭的一個杯子，完全沒想到裡頭裝的是加了水的威士忌。我們事後想，或許這是神的安排吧。

神父離開後，曼黛蓮的神情非常安然，她臉上帶著笑容，靜靜地睡著了。她很高興老友來相伴，而且有了與神交流的時間。

曼黛蓮的一生過得平安、有愛、有擔當，次日凌晨兩點多，曼黛蓮平靜地離開了，去了她嚮往的地方。

享受天國的回報

「上天堂去吧，海娜，放心，去就是了。」

海娜十七歲時，父母因為一場車禍而喪生了，身為長女的海娜便挑起了撫養照顧三個妹妹的責任。四姊妹相濡以沫，相互扶持，可謂姊妹情深。

現在的海娜四十一歲，有一位體貼的丈夫和一個三歲的可愛小女兒，但是命運對她似乎並不眷顧，竟然在這個時候，讓她患上了絕症。雖然她和其他三個妹妹們一樣篤信上帝，知道死亡不過是要去天堂而已，但她還是不忍離開面前的這一對父女。

即使是在患病後，海娜每一天的生活都還是過得很滿足，精神上很喜樂，屋裡總是聚滿了好友、家人和孩子，還有美味的食物。儘管女主人剩下的日子不多，但是這個家裡還是歡樂滿溢。

海娜的妹妹們花了很多時間來陪姐姐，她們幫她洗澡，為她吹乾頭髮，畫上指甲油，並為她脆弱的身體上塗上滋潤霜。這些小時候姊姊為她們做的，現在都回報給了姊姊，這讓海娜每時每刻都感到放鬆、享受。

我去探訪海娜的時候，常常看見姊妹四個一同窩在一張床上，可以想見多年以前，當她們剛剛失去雙親時，她們也是這樣相互依偎、彼此疼惜。看到手足如此親近，是件非常甜美動人的事，而身為大姊夫的海娜的丈夫，也完全理解姊妹之間的深情，他無私地讓小妹妹們陪伴著他的太太，知道對此刻的海娜來說，姊妹的陪伴是不可或缺的。

海娜這一生，對人、對事都懷著滿心善意，因此在即將上天堂享受天國的回報之前，她先被地上的人們紮紮實實地愛著。**一個人若在一生中竭盡所能地付出，必然也將收穫許多**，就像海娜一樣。失去父母後，海娜一肩挑起父母之職，含莘茹苦地照顧妹妹們長大，這份偉大的愛，也將會由她的妹妹們毫無遺漏地傳遞給海娜三歲的小女兒。

想想看，在日常生活中，我們有多常想起耶穌說的這句話：「你們要彼此相愛，像我愛你們一樣」？如果我們都可以像海娜一樣，理解這句話、落實這句話，這個世界就該如同神安排的一樣美妙了吧。

海娜的身體一天不如一天，她常常需要休息。她的屋裡總是門庭若市，她短暫的一生中曾經幫助過的人，都紛紛趕來看望她：教會的朋友、鄰居、親戚……所有認識她的都來了。

我永遠也忘不了她在人世的最後一天，她的丈夫跪在床前的地板上，小女兒枕在她的腿上，而妹妹們都窩在她的床頭，她們一起鼓勵海娜：「上天堂去吧，海娜，放心，去就是了。」

海娜平靜地回答說：「好啦，好啦，我去了，別催了。」說完，她便離開了人世。

滿溢而出的感動

「如果我像你一樣，見到了神，那我也會哭嗎？」

一天晚上，我回家經過前院的草坪時，一位鄰居走上前來。我和她不太熟，她解釋說，她的舅舅弗雷德瑞克獨自生活在波士頓，最近患了不治之症。如果我可以安排舅舅進入我們照顧中心的話，她和她的母親可以負責照顧舅舅，從波士頓搬遷到我們城市的過程她也可以協助處理。

我立即答應她，說我很樂意幫忙。而她的回答則是：「太好了，因為我已經把妳的電話留給舅舅的醫師了。」我很欣賞她的信心，不消說，我們後來成了好朋友。

搬到我們傑克遜威爾市一兩週的時間內，弗雷德瑞克就住進了我們照顧中心。

我很高興可以每天去拜訪他。弗雷德相貌堂堂，七十八歲了依然非常優雅，帶著一種天然的威儀。他的滿頭銀髮像雪一般白，眼睛是藍灰色的。每回走進他的房間，都可以聽見裡面整日播放的古典音樂，他的房裡處處擺放了剛採摘的鮮花，百葉窗的每一個小葉片上都夾著祝賀卡，顯然他是一個備受敬愛的名人。

弗雷德在哲學和宗教方面的學養很深，一些很深奧的問題，他一兩句簡單的話就可以解釋得很清楚。他還是一位思考者，對人生中重要的事都做過極深的思考，是一位飽學之士的典範。

有一天我去看弗雷德時，發現他正在低聲啜泣。我靜靜坐在他的床邊，問他有沒有可以幫得上忙的。他只是搖著頭，嗚咽得更厲害了。

「告訴我怎麼了。」我說。

「不行，不行。」他說。「坐在這裡陪著我就好。」

在接下來的幾週內，這樣的情景重複了好幾次。每回我都是靜靜陪他坐著，慢慢地他累了，在疲倦中陷入沉睡之後，我才離開。有一天，他對我說：「我經歷了一件事，有天我會告訴妳的。雖然現在我不能說，現在不行，我還沒整理好，但是有天我會說的。」他就說了這麼多。

幾週後的一天，我要離開回家之前，又去看了弗雷德。這回他大哭起來，哭得幾乎無法自己。他抬起頭來望了望我，說道：「坐吧。」

我依言坐下了。他又靜靜地啜泣了好一陣子，我握住他的手，沒說一句話。最後，他終於抬起頭望著我說：「記得我說過，我以後會把一切經歷告訴妳的嗎？好，現在我就要對妳說了。」

接著他開始訴說這陣子以來的經歷。他說，耶穌親自來到了他的房間，就是照顧中心的這裡，他指了指房間的角落，他說「就在那兒」，靠近他床腳的地方。他說耶穌的降臨讓屋裡充滿了美麗祥和，還有寬恕的氛圍，是他一生僅見的。他還說，在耶穌的眼中，他看到了慈愛與柔情，他感覺到**自己被深愛著**，何其有幸地受到神的寵愛。

弗雷德用平靜的聲音充滿威嚴地訴說著，這個私人的經驗讓他覺得非常榮耀，領受了無上的恩典。他希望他說出的每一個字我都能了解、明白。

「如果我像你一樣，見到了神，」我問：「那我也會哭嗎？」

「噢，會的。」

「為什麼要哭呢？」我問。

「因為祂太美好了，」他說。「而且祂如此愛我們，原諒了我們一切的罪。祂希望我們讓祂愛我們，也希望我們將這份愛回報給祂。」

弗雷德分享了他的神奇經驗之後，我們聊了很久。我想他最希望的莫過於讓我了解他說的，然後分享出去，正如我現在做的。以弗雷德一生的豐富學養與歷練，卻也和我們大多數人一樣，並不確定神愛他到底有多深。直到生命的最後幾小時裡，他內心的空缺才被神的愛所充滿。

神給了祂的孩子這段神奇的經歷，這要如何解釋呢？我們就像一個孩子，整天地玩耍，可能跌倒了，可能擦傷了，還可能淤了青，在晚上的時候我們卻要回到造我們的父親家裡，這個時候我們心裡的脆弱、煩惱，除了造我們、愛我們的神之外，還有誰可以了解呢？而我們在人生即將結束的時候，都會經歷這些歷程。我們回到造我們的神那裡，想著自己一生做到了哪些、沒做到哪些，知道我們的神會讀我們的人生故事，了解我們心中的遺憾，也依然**愛我們如初**。

第二天一早我去上班時，就過去看望弗雷德。夜班的護士告訴我，他昨晚睡去之後，到今早都還沒動靜。顯然他休憩在神的愛當中，準備回天家去了吧。一整天，他都這樣靜靜睡著。

晚上我要離開時，又去了他的房間，我對他說再見，說謝謝他把我當朋友，我說上帝讓人們成為「親密的朋友」，一定有我們不了解的深意。他的眼睛閉著，但是臉上卻笑了，我知道他聽見了我說的，也同意我說的。

二十分鐘後，我回到家裡時，先生告訴我照顧中心來過電話，弗雷德剛剛過世了。

溫柔撫觸的手

「他依然緊閉的眼中，竟然流下大顆的淚珠。」

「請記下這個地址，並立即去看望病人。」

下午五點左右的時候，我接到照顧中心打來的電話。有一位早上剛剛受理的病人，還沒有建檔，因此對這位病人也完全不了解，只知道他名叫艾勒，是他的太太打來了電話，請護士上她家去看看。

一天到了傍晚這個時候，要問我的心情，實話說吧，還真不太好。一整天面對著垂危的病人，現在我終於可以放鬆繃緊的神經、放下壓力，正要回家煮飯餵飽我的家人，然後上床睡覺，但是這通突來的電話，卻讓我必須在下班潮中開車，在昂貴的高級住宅區裡到處尋找艾勒及他太太的居所，真是讓人沮喪啊！

我在這裡告訴各位我一整天下來的疲憊和此刻的壞心情，是要向大家說明，神是如何巧妙善待祂的孩子的，截然不同的立場兩邊，祂卻能用同一樣事情，讓軟弱的得安慰，錯誤的得矯正。

不久後我找到了他家，按門鈴時，我的心情依然不太好。一位年長的婦人來應了門，她只說自己名叫羅絲，說她要去禮拜堂裡做些「安排」，便從我身邊出門去了。

羅絲是誰？我心中疑惑著。這位病人生了什麼病？他現在情況怎麼樣了？因為他在幾小時之前才說要轉入我們照顧中心，這些資料都是空白，我對他的情況一無所知。

挑高的豪華公寓裡有很多個房間，我轉了好一會兒，終於找到了艾勒。他是一個清瘦的男人，靜靜躺在床上，氣若游絲，脈搏也很微弱。

我的目光在寬敞的房間裡打量一番，看到牆上掛著滿滿的照片、獎牌、證書，以及來自顯貴、名人和企業家的各種信函。這些彰顯了艾勒的身份，可以想見，他是一位事業成功、成就卓然的知名人士。他有很多支持者，在職場上一輩子受人敬重、景仰。

我在艾勒的床邊坐下，溫和地把他的手握在我手中。「看得出你的人生很豐富，碩果累累。」我對他說，一面在心裡祈禱，希望神賜給我話語，剛好是這個柔軟的靈魂所需要的。「我看得出你所成就的一切，你周遭的人都非常看重你。」我從房間的一端開始念著卡片、信件上的文字，一直把全部的文字都念完。念完之後，他的人生就清楚地呈現於眼前：我了解到他是在一九二〇至三〇年間開始工作的，然後在同一家公司開始升遷，任職管理職務。一路下來，專家們都感謝他提供的協助，也肯定他的成就。

在我念著反映他一生成就的卡片時，艾勒始終未能睜開眼睛。或許從某個程度來說，他知道這部分的生命已經告一段落了。看著他的呼吸變得更微弱，臉色也跟著改變，我開始說神有多愛他。因為完全不知道他的信仰是什麼，只知道他是猶太人，現在即將辭世，我只能說道：「你的神是亞巴辣罕（亞伯拉罕）的神，也是依撒格（以撒）和雅各伯（雅各）的神，他們的父也就是你我在天上的父。我因著耶穌的名而認識天上的父，天父派他來，接我們平安回去。」

說到這裡，我聽見他的太太從前門回來的聲音。我對他說，我要離開了，但是我會繼續幫他祈禱，晚點還會回來看他。

在我留在他身邊的幾個小時內，艾勒都沒有任何動作。我看他這樣的反應，覺得他大概沒聽見我說了什麼。但是，就在我起身時，他突然緊緊握住了我的手，不讓我離開。我暗自吃驚，不禁望向他的臉，只見他依然閉著的眼睛中，竟然流下了大顆的淚珠。

每當這種時候，我們都可以看見神用祂的手，溫柔地撫觸了祂的孩子。以祂自己的方式，在祂認可的時候，讓相信祂的人得到安慰。遇到這個時候，我們最好停下腳步，仰望、細細觀視神要顯示給我們看的。

我繼續握住艾勒的手，直到他的太太走進房裡。她解釋說，該處理、該安排的都安置妥當了，對此她似乎鬆了口氣。

我最後輕輕握了一下艾勒的手，才把他的手放下，然後抽身離開，回到車程不到十分鐘的辦公室。

我剛一進去，服務台的同事就說，羅絲剛剛才來電話，說艾勒停止呼吸，過世了。不久之後，我回電話過去，羅絲似乎很平靜，她說把事情安頓好，對艾勒來說是很重要的，她很高興可以最後一次幫到他。

掛上電話之後，我心裡非常清楚地了解到，神在那個下午眷顧了艾勒，也同時眷顧了我。

流浪者的綠洲

「你有沒有認識哪位神父，可以來看看我？」

我先生的姑姑海倫已經九十九歲了，眼睛看不見，耳朵也聽不見，住在佛羅里達州的退休之家裡。她有天打電話給我先生喬治，問我們可不可以南下去看她，並帶她和我們一起回傑克遜威爾市。她說，並不是要住來我們家，而是住在附近，我們可以時不時去看望她一下。

雖說她的眼睛已經完全看不見了，但是還能辨識一點聲音，只要靠她很近，提高音量說話，她還是可以知道大約說了什麼。我的先生和這位姑姑很親，他還記得小的時候一大家人在一起的情景。因此接到電話沒幾天，我們便開車南下，去看望這個長年孤獨的老婦人。

雖然海倫姑姑又瘦又弱，大部分時間都纏綿病榻，但她看到我們來了，卻非常熱情地迎接我們，顯得很開心，一掃先前的病弱之態。她說，聽見門廳傳來的聲音，她就知道是喬治來了，我們和她擁抱時，她還哭了。

她一位九十五歲的女性朋友開車帶她出門時，不慎出了車禍。海倫姑姑離開醫院之後轉入一個護理之家，繼續接受照顧。醫院的社工人員對海倫姑姑說，以她的情況，以後她怕是不能獨自生活了。對一個一向自己作主慣了的人來說，這可不是好消息。在那裡她又擔心、又害怕，雖然她那位女性朋友常常過來看望她，但是對她來說，一切畢竟不如從前。

我們花了很長時間討論該如何安排，如何把她的家產變賣出去，有些可以餽贈好友；查看她的保險內容，確定可以獲得哪些補助；並看看哪家護理中心可以接受她，為她來傑克遜威爾市做安排。那天我們有好一段時間都待在護理中心，答應海倫姑姑只要把事情安排好，我們會立即接她回去。不過對一個九十九歲的老人來說，搬到一個陌生的環境，又聽不見又看不見，自然心急一些，好像該處理的事情總是處理得太慢，而偏偏事情又急不來。

我們離開後，海倫姑姑又多次來電，生怕我們做事不俐落。最後是我的朋友幫了忙，找到一位開設護理中心的負責人，這個護理中心離我們家大約五分鐘的路程。於是，我們起了個大早就即刻出發了，準備開五小時的車，載海倫姑姑去新的護理中心。

車上的情景可謂壯觀。海倫姑姑穿了睡衣和睡袍，還包了層棉被坐在前座，這樣她可以躺下來，而且腿也有充分的活動空間。她一手拿著飲料，導尿管和尿袋掛在點菸器上。一路上，伴著音樂的是我們說笑的聲音。我說過嗎，海倫姑姑的禮服、時裝、睡衣、成人紙尿布、捲髮器、化妝包……林林總總十來包，塞得後車廂快要關不上？而姑姑一路上唯一的要求，就是去麥當勞買了三回奶昔。喬治踩足油門往前開，若有警察想來臨檢我們超速，只會引來我們大笑，還有什麼比讓海倫姑姑安全快速地抵達護理中心更重要呢？

當天晚上我們就到了，進門的時候，好像沙漠中的流浪者終於找到了綠洲。護理中心知道我們會來，他們熱誠地歡迎我們。海倫姑姑的病歷我們放在最容易拿到的地方，護理中心快速翻閱之後，姑姑終於像新生兒回到母親的懷抱一樣，就此安頓了下來。

海倫姑姑是一個非常感恩的人，一種特殊口味的豬肝腸、一罐生啤酒、一個橙子口味的冰品，都會贏得她的讚譽和感恩。去看望姑姑是一件愉快的事，而照顧她的醫護人員簡直像是從天國降臨的天使。

海倫姑姑本性善良，從來沒想過要傷害誰。她樂觀而豁達，即便高齡九十九了，她依然有辦法可以讓你笑看自己生活中的好事與傻事。她和我公公的感情很深，也很愛公公婆婆所生的孩子。我依然記得，家裡孩子還小的時候，每年都會收到姑姑寄來的生日卡片，裡面藏著三塊畢其納口香糖。雖然她一生未婚，但是她個性並不古怪，對周遭的人都很友善。

因為最近過於忙碌，為了舒緩一下身心，我和先生休了一個週末，託我們的一位好友黛恩妮（她是我們照顧中心的成員）照顧海倫姑姑。誰知道僅僅兩天的時間，姑姑的身體突然惡化了。黛恩妮盡快為姑姑在我們的照顧中心安排了床位。我們回來的時候，看到黛恩妮從自己家裡搬來了漂亮的藍被子，並把自己可愛的白睡袍穿在姑姑瘦弱的身體上。

雖然姑姑一生沒去過教堂，但是她善良又慷慨。這天她問喬治，有沒有認識哪位神父，可以來看看她。我先生立即找來了兩位神父，他們到姑姑病床邊，把她從未了解的平安帶給了她。

我們照顧中心的同事，還有其他的朋友們，都圍繞在姑姑的病床周圍，大家溫柔地在她耳邊輕語，一次又一次地輕輕撫拍著她的手，直到她在這個平靜的夜裡安然離去。

對朋友安排姑姑住進護理中心，對深夜迎接我們的工作人員，對黛恩妮在我們缺席時付出的體貼，我們真的非常感恩。在照顧姑姑一事上，大家都不遺餘力，也盡了自己最大的心力了。照顧中心的人員不但保證了姑姑身體上的舒適，也照顧到她心靈上平安的需求。先生的神父朋友在最關鍵時刻趕來，給了姑姑最大、也是最後的安慰。

神造了我們，也愛我們，處處都可以看到祂藉由各種小地方安慰、愛護我們的點滴。世上沒有比這更美好的事了。

來自天上的擁抱

「神選擇醫治我的精神和靈魂，而不是我的肉體。」

黛安擁有一頭紅髮，藍色的眼睛，配上近一百八的高挑身材，看起來非常性感。她對生活的熱愛和品味，遠勝一般人。她嫁給了自己心儀已久的英俊丈夫，生了三個可愛的紅髮小孩，生活幸福美滿，但是，就在她四十一歲這年，被診斷出罹患了末期癌症。

我們是在十年前我家舉辦的一場化妝舞會上認識的，之後便成了朋友。舞會結束她離開的時候，我對她說，有空早上過來喝杯咖啡啊。第二天早上八點，她把孩子送去學校之後，真的出現在我家台階上。我說，問題是我沒煮咖啡啊。她笑說，那就不該邀請她過來喝咖啡。然後她提到，我昨晚說亮紅眼影與紅髮不搭，她覺得這個建議還不錯。於是，我們坐下來煮咖啡，並從這一刻起變成了好友。

我們兩個最小的孩子差不多大，加上我們的先生又常常需要出差，因此晚上的時候，我們兩個常常在她家地下室的地板上一同做著小孩的衣服，我們聊著人生，聊著我們的夢想和生活中的各種擔憂。我為了貼補家計，常常沒空做衣服，她總是先幫我裁好，再用別針別好，有時還直接幫我車好。事後我們估算了下，她這樣幫我分工合作的結果，我們兩個為小孩做的小衣服、小短褲、小外套，比任何一個媽媽單獨能做的都還要多。

後來因為各自丈夫工作地點的遷移，我們搬去了不同城市。但是我們始終保持聯繫，也認為對方是自己最好的朋友。

我們的話題觸及生活的各個層面，說到快樂，也說到辛酸，什麼都能與彼此分享。黛安是一個注重靈性的人，她總在尋求與神建立更深層的關係。我們常常分享神在我們生活中占的地位，以及神有多愛我們。我們不管誰遇上了生活中的瓶頸，她都會跑到我家來。黛安喜歡觸動她心靈的祈禱詞，她會把這些言語抄錄在筆記本上，我們碰面的時候，她會把她的筆記唸給我聽。我明白，神在預備黛安，準備給她和她的家人更重要的責任。

幾年後，她從亞特蘭大打電話來給我，說這兩週內她和家人就會受洗，成為教會的一份子，她想邀請我們一家去出席這個儀式。神預備好幾年的時候終於到了，她也因此進入了一個生命的新時期，對神的愛有著更深的了解。這些新體驗給她家人帶來的影響，是非常久遠的。

然後幾年過去了，我們的孩子們長大了，黛安成了成功的房地產商。這時我又接到了她的電話。她在帶客人看屋時中風昏倒了。為了這次的事，她經過了很多檢查、掃描、化驗，也經歷了很多擔心和掛慮。可是她又年輕、又活力旺盛、又心情愉快，怎麼可能會有什麼事呢？然而，事非所願，她被診斷出罹患肺癌，已經擴散到脊椎和腦部了，看起來不太樂觀。實驗性的新藥物，特殊的飲食，任何她聽過的療法她都去嘗試了，想減緩癌症的發展，卻毫無成效。

「快點開電視！」一天早上她在電話裡說。「一位波士頓的神父，名叫拉夫．迪奧雷，他有幫人治病的恩典。願意陪我去嗎？我們在亞特蘭大會合，然後一起飛往波士頓。麗莎（她的女兒）也會一起。」說完，我們立即約好日期、時間、碰面地點，便去了波士頓，然後趕往這位神父所在的教堂。

這是我們從來不曾見過的情景。小教堂裡擠了好幾百人，有病得很重的孩子、坐在輪椅上的、躺在擔架上的，以及這些病人的家人。儀式開始了。我也在心中為黛安祈禱，我求神用雙臂擁抱黛安，求神醫治她，我一遍又一遍地對神說，我們會把黛安放在神的十字架前，知道神愛她比我們任何人都多，我們相信神會照顧黛安的。

迪奧雷神父開始讓需要特別祈禱的人走到台前去，讓他們告知自己身體的哪些部位有病痛。神父把手一次又一次地放在需要醫治者的身上，當這些人軟倒在地，由志工攙扶的時候，是我們第一回見證到了所謂「被聖神擊倒」。

眼前的情景讓我們震驚，這時黛安大聲說，她才不會做這種蠢事。我們說，既然來了，不妨試試吧。黛安勉強走到過道，神父靠近她，問她哪裡不舒服。黛安回答說，她肺部長了癌，而且擴散到了腦部和身體其他部位。神父把手先放在黛安的頭上，然後放在前胸與後背，最後神父從講台上走下來，雙手抱著黛安，並讓黛安把頭枕在他的肩上。我們看著神父擁抱著黛安，一次又一次地為她祈禱，時間好像靜止不前了。我們好像看到耶穌親自擁抱著黛安，醫治她。之後神父握住黛安的雙手，帶她上了講台後方的大理石台階，走至一座人形大小的十字架前，神父再次把手放在黛安身上，開始為她祈禱，這時，黛安倒在地上，並靜止不動了二十分鐘，直到所有儀式結束之後，黛安才醒來。

黛安醒來後走下台階，笑著說：「我真的做了？」她看起來滿有精神，而且非常平靜。第二天，我們就回去了，也不知道這件事的意義，以及黛安未來究竟會怎樣。

黛安回到了加勒比海的島嶼，繼續她的試驗性治療，不過沒有起色。波士頓之行後幾週，一天早上她打來電話，她說：「如果我對妳說，上回出門，神選擇了醫治我的**精神和靈魂**，而不是醫治我的肉體，妳會怎麼看？」

「妳現在好一點了嗎？」我問。

「我覺得還不錯，我都可以接受了。」她回答。「心情很平靜的。」黛安似乎全然接受了生活中的新安排，說她會立即回到亞特蘭大的家裡，那時我們可以再多聊一些。

有些人活得很豐富，他們信得實，愛得真，樂善好施。黛安就是如此，她短暫的生命中，快樂與幸福遠比有些高齡的人還多。

一週後的下午，黛安的女兒麗莎給我來了電話。告訴我黛安回到亞特蘭大了，但是又隨即去了醫院。黛安的體力大減，情況似乎不太妙，家人現在都聚在她身邊。我們立即啟程趕往亞特蘭大，一路上加緊開車，希望可以趕上見她最後一面。

在途中，我突然看到一顆漂亮的流星，快速地滑過天際。我們立即停車，去高速公路旁的投幣電話亭打電話去醫院。結果他們說，黛安剛剛走了。見最後一面的希望落空了。

黛安是美麗而充滿活力的女人，儘管她走了，每一個認識她的人都記掛著她。她對生活的熱愛，獨特的幽默方式，對先生、對孩子的無私奉獻，在她過世的二十九年裡，這一切都仍然栩栩如生。她和影星莎莉．麥克琳（Shirley MacLaine）長得非常像，她的家人和朋友們只要看到莎莉主演的電影，就會想起黛安。她們一樣會笑得很真心，要說笑話之前會用手摸一摸鼻子，還有她們會讓別人知道自己有多愛他們。

在黛安離開後，她摯愛的先生和三個孩子也過得充滿恩典的生活，在教會裡，他們做著不同的服侍。我想，多年前他們舉家搬去亞特蘭大建立新家時，神就有了安排。

黛安經歷的一切，都蘊含了神所要傳達的啟示，讓她和她的家人們從不尋常的過程中學習。求神繼續帶領這個家庭，令他們永遠喜樂、平安。

航向天堂的長尾船

「船已經在港口等我了。他們是來接我的。」

生命是輪轉不息的。如果大家記得，這本書前面第三個故事寫的是我的公公，到我婆婆的故事時，時序已經轉過了二十二年。公公過世時，婆婆才七十歲左右，等到婆婆到天堂和公公會合時，她已是九十二歲的高齡了。

我的婆婆安妮・拉普瑞契於二十世紀早期出生於德國，後來隨著家人坐輪船來到美國，除了身上穿的衣服外，幾乎一無所有。那年頭，活著就很幸運了。漂亮衣服和其他享樂對她來說，都是不可企及的事。從很小的時候，她就明白了一個道理：必須辛勤工作，才能換取生活必需。

當婆婆還是小女孩的時候，她就一直覺得，只有付出，才有價值得到別人的愛。我特別提到這點是因為，直到生命的最後一段時光，她才體會到真正被愛的感覺。

婆婆的一生都完全奉獻給了公公，結縭四十四年來，婆婆全部的心思都用在如何讓公公快樂上。她對這樣的生活並無不滿，而且全心如此，因此，直到公公過世後的第一個十年，婆婆才像在冒險一樣，開始了新的生活。她原來的生活意義已經消失不見了，她得重新找出活著的理由。現在所有時間都是自己的了，婆婆發現生活中有很多有趣的新事情，她也打開心胸去面對。

她和其他太太一起打橋牌、練高爾夫、去教會當義工、去看望照護之家的老人、週日去教堂，日子過得充實而快樂。

十年的時間晃眼即逝，婆婆似乎也很適應她的新生活，過得怡然自得。但是我們還是注意到，在幾次小中風之後，婆婆的體力明顯變弱了，即使中風並沒有帶給她直接、明顯的後遺症。我們想，該是時候來和婆婆商量，她未來的老年生活該如何安排了。

婆婆八十歲生日的那天，我們事先沒說，就突然回去了一趟，給她一個驚喜。用完精緻的晚餐後，我們聊起了公公，聊起了他搬來我們這邊和我們同住的最後那段日子。

在這個話題上，我們繞來繞去，想帶出那個敏感的話題，但是始終開不了口。突然我們家的老二喬恩說：「奶奶，我們來假設一下。如果哪天妳又中風了，這回很嚴重，說話也說不清，走路也走不穩，反正妳就是不能再一個人住了。妳希望我們怎麼辦？以下幾種選擇供妳參考：第一，妳繼續留在老家，找個居家看護；第二，在附近找一家護理中心，妳搬過去，方便妳的老朋友來看望妳；第三，妳到傑克遜威爾來，和我們一起住。妳要怎麼選？」

直到今天，我們想到兒子突然冒出來的話語，還是忍不住迸出會心的微笑。他看似莽撞的一席話，反而明確地讓婆婆迅速瞭解住在不同地方各自的優點及缺點。接下來是一些愉快的互動，等最後安靜下來之後，婆婆望著我們，露出了笑容，簡單直白地說道：「我要去傑克遜威爾和你們一起，要是真有什麼事的話。」然後結束了這個話題。

這樣我們就知道了，如果哪天真有什麼突發狀況，婆婆是想來和我們一起住的，直到她去天堂與公公會合。

一天下午，珊德拉打了通電話來，她是公公婆婆的姪女，由婆婆一手拉拔長大，她說她注意到婆婆講話好像跟以前不一樣了，理解力也變差了。我們立即打電話給婆婆確認狀況，果然如珊德拉所說。我們幾小時內就趕到了佛州南部。

抵達的時候，婆婆笑著說，她沒事，很高興我們一路平安，說著就要去睡了。沒過兩分鐘，便聽見「砰」的一聲，我們立即衝進婆婆的房間，發現婆婆跌倒在地上，喬治扶她上床時，她幾乎沒什麼反應。過了幾分鐘之後，婆婆問，剛剛她發生了什麼事嗎？這不禁讓我們懷疑，是不是之前也發生過類似的情景。

次日早上，我們打了電話給婆婆的醫師，問她最後一次就診的情況。醫師也說不出什麼具體的，因為婆婆總是對他說，自己都還好。醫師建議我們說，婆婆不能再一個人獨居了，他很願意把婆婆的就診資料轉給他在傑克遜威爾市的老友，後來的十年，婆婆都是去這位醫師的老友亞瑟．布朗尼那邊就診。

早上婆婆醒來之後，我們對她說了與醫師討論的結果，看到她很樂意要來和我們一起住，讓我們覺得非常喜樂。她輕鬆的神情顯示著，和我們一起住，讓她頓覺沒有壓力。於是八十二歲的她，又開始了新一回的冒險。

這些年來，每當婆婆想到有一天她也要跟公公一樣，來我們這裡，被我們照顧得好好的，然後住上兩三個月再回到天家，想到這裡，她便會打從內心地露出笑容。其實和我們一起住並不是婆婆早先想好的，因此未來會充滿新的體驗，有困難、也有挑戰，但是這個生活經驗到後來給我們雙方帶來了意料外的成長，讓我們有機會像神愛我們一樣，學習怎麼相親相愛。當然，若我說一路走來都很順利，那是騙人的。神用新經驗來試煉我們，讓我們從彼此身上學到祂期待我們學習的功課。

因為喬治和我都在上班，所以我們白天是用電話與老人家聯絡。喬治的工作性質讓他可以來去自如，因此他常帶著婆婆去逛大賣場、去美髮沙龍、看醫師、吃頓好料理，母子倆享受了一段天倫之樂。婆婆也很珍惜與兒子相處的這段時光，雖然他們聊的內容未必有多重要，但是有時候什麼也不說，只是靜靜地彼此相伴，也是一種享受。

對自己親手帶大的姪女，婆婆特別疼愛些。這十年來，婆婆固定每年有一週要去波士頓，去看看姍德拉。珊德拉在心理學界的專長，幫助了婆婆在公公過世之後了解自己，找到自己存活的意義。

婆婆也很掛念自己的女兒潔妮特，想念去伊利諾州時那種兒孫滿堂的喜悅。

我常常在下午的時候打電話給婆婆，問她晚上想不想來鎮上。她每回都說好。我們就會找一家中國餐廳，或是去當地海產店吃龍蝦。有時候，婆婆也會提出要去我們參加的俱樂部，這樣她就可以裝扮得正式一些。通常我們點的餐都吃不完，就會把剩下的打包。有時候，打包的餐盒還放在車頂上，我們就開了車，這樣的情況還不止一次。看著蛋捲、雞肉炒麵、龍蝦尾巴從車窗外飛過時，婆媳倆忍不住哈哈大笑。這時我們會說一些感性的話，我會告訴婆婆我有多愛她，說我們非常樂意她來和我們同住，而且知道奶奶在家裡比較安全，那幾個小孫子有多安心。

婆婆早年是不太會表達自己感受的人，年紀大了，知道自己被家人愛著，她才開始說些心裡的感受。她常常問，我為什麼要愛她，她又不是我親生的媽媽，而且她在我們家「耽擱」了這麼久還不「上路」。此時我就會說，才住一兩年就這麼問，要是住個七八年可是要怎麼說呢。聽我這麼說，她就會微笑著流出眼淚。有時我也會陪著她一同笑，一同落淚。

婆婆體力漸弱，已經無法自己開車去教堂或者去逛街了。但她又是一個閒不下來的人，即便是在家裡，她也要做點什麼。我們在屋外加裝了台階和步道，可以推著她去花園，通常她在花園裡一待就是好幾個小時，拔拔雜草、修修枝葉，還跟花兒說說話。有時她會整個摔倒，動作很大，就像提姆．康威（Tim Conway）在《千面女郎》（*The Carol Burnett Show*）影集中表演的那樣。我們的鄰居會立即打電話通知我先生或者我，婆婆就會很驚訝地看到，她才剛跌倒，我們就回來了。後來她跌倒的次數變多了，若是沒有人注意到，她就會自己爬起來，到床上去休息一下，好像什麼也沒發生。婆婆非常自愛，不希望自己變成別人的負擔，常常都是事後我們在她頭上看到瘀青或者腫塊，才知道她又跌倒了。

就這樣，婆婆在我們家住了八年，她九十歲生日那天，我們請來許多客人，餐桌上坐得滿滿的，都是婆婆的好友。那天婆婆看起來很有精神，享受著在特別的日子裡大家滿滿的關愛。

然而，婆婆的身體還是在漸漸的衰退之中，這表現在生活的各個方面。當她覺得疲倦的時候，她常常對我說：「你們怎麼還是這樣愛我呢？我已經不能為你們做什麼了。」我總是一遍又一遍地提醒她，四十多年來，她一直是位好婆婆，現在正是我回報她的時候。婆婆是個柔順溫和的女人，我很高興她願意和我們同住。

晚上的時候，我們通常會看兩集《黃金女郎》（*The Golden Girls*），電視上年老媽媽的生活總是把婆婆逗笑了，因為她很容易聯想到自己。她特別喜歡老媽媽說的有顏色的小笑話，她常常一邊笑著，一邊低聲重複著。我在想，她大概也是想偶爾講給我們聽的吧，就像影集中桃樂絲的媽媽在電視上說的那樣。

婆婆年過九十一歲之後，我們大家都看得出來，她的體力更差了，雖然並沒有特別的病痛，但是每天都很容易疲倦。她開始唸叨，大概時候快到了。婆婆似乎已經接受了這個事實，而且心裡還帶著一些期待。我照顧過垂垂老矣的病人，也照顧過年紀還輕，卻已長時間受病痛折磨，邁入人生最後一個階段的病人。這些人當然不希望自己就這樣撒手人寰，留下身邊的親人不管，他們之所以能坦然面對，是因為他們已經了解到自己已經活完了神賜予的一生，如今就是生命該轉換的時刻，他們要將塵世的生命，**轉換成下一段永恆的生命**。

我們知道，婆婆的身體狀況到了這個階段，已是需要照顧中心協助的時候了。於是某個下午，我給中心打了電話。他們第二天一早就派了人來，這些專業人士給了我們許多幫助。婆婆很喜歡中心派來的護士、醫師、社工人員以及義工。受到大家的關照，婆婆充滿感謝，她很感激我們做了這樣的安排。

我們在婆婆房間裡裝了閉路設備，她只要叫我們的名字，我們就可以立即過去。我們和婆婆做了約定，她不可以不和我們說一聲就自己起床。但是有天凌晨三點，我最小的兒子肯突然跑進我們房裡，說奶奶在浴室摔倒了，而且傷得很嚴重。我們即刻過去，小心地把婆婆扶起來，扶她上床，幫她梳洗，並換上乾淨的衣服。

黛恩妮是負責照顧婆婆的護士，我們打了電話給她，請她過來幫助我們一起送婆婆去中心。

十一月中旬的時候，婆婆已經連續六天都幾乎沒什麼反應了，我們能做的，只是盡量讓她的身體舒服一點。接下來的三週，我們開始陸續打電話給親朋好友，他們來看婆婆的時候，婆婆就會清醒一些。

親友的來訪留下了很多溫馨的回憶。我們的小兒子肯親密地跪在奶奶床邊的情

景，也一直銘記在我的腦海中。每個人都有機會和婆婆單獨相處，對婆婆說他們有多愛她，並謝謝她的付出。

每一天，婆婆總是要問上好幾遍，她的房間是不是緊鄰著我的辦公室。看著我從辦公室裡走進走出，似乎能讓她覺得非常安慰。每個人的關愛，還有穿著護士服的天使們對她的照顧，讓婆婆覺得甜蜜而平安。她教會的朋友也來了，他們向婆婆述說神對她的愛，為她唱讚美詩歌，這都是婆婆希望聽見的聲音。

我的小兒子肯要出外一週，他非常擔心萬一自己不在的時候，奶奶出了什麼事，他就見不到最後一面了。於是在臨行前，肯花了很長一段時間，對奶奶說了好一番話。他對奶奶說，在他回來之前，奶奶不可以去任何地方。從小時候開始，肯就跟奶奶特別親，他說的這番話奶奶當然明白，在肯與奶奶吻別的時候，奶奶開心地笑了。

一天早上，我進辦公室之前，先去看了看婆婆，當時珊德拉在陪她。

「奶奶今天早上說的事有些奇怪。」珊德拉見到我時這麼說道，並鼓勵婆婆把剛剛說的話再對我說一遍。

「長尾船來了，親愛的。」婆婆說，還難得地微笑了。

「妳說航船？」我問。

「不是，我說長尾船。妳知道什麼是長尾船嗎？」

「妳現在就要上船了嗎？」我問。

「還沒，」她說。「我前頭還排著七、八個人呢。」

「妳怎麼知道什麼時候輪到妳呢？」我問。

「他們人很好，寶貝，他們會讓我知道，他們是來接我的。」婆婆輕聲回答，就像在說著某件周遭再尋常不過的小事。婆婆是天性低調的人，她不會長篇大論，或者激情澎湃地訴說。現在也是這樣，她只是用著愉快的聲調，說船已經在港口等她了，還有其他人要先上船，等輪到她的時候，他們會告訴她的。她說話的時候，臉上還帶著笑容，好像對周遭的一切都很放心，沒什麼可擔憂的。

婆婆兩歲時隨著家人坐船來美國，這個經歷成了她要去另一個世界的想像基礎，這是她的最後一趟旅程。她所說的「長尾船」將要帶她開始一趟新的旅程，航向她確信有、並且在等待著她的天堂。

第二天晚上，婆婆過世了。那時肯剛回來，他走進奶奶的房間，在奶奶耳邊說：「我回來了。」

毫無疑問地，婆婆知道肯來看她了，而且他是守著兩人的約定趕回來的。婆婆臨終時，身邊圍繞著愛她的親人，最後她終於明白了，**她本身就被大家愛著，而不是因為她做了什麼**，大家才愛她。我想婆婆去了天堂，應該也是受歡迎的人吧。

生命從出生到死亡，就像一趟旅程。活著的每一分鐘，都有學習的機會。當我們在母胎中孕育的時候，神就已經備好了我們一生要學的功課，只有祂知道，我們需要經過怎樣的途徑，才能在精神上趨於成熟；也只有祂知道，每個人要學的功課，哪裡困難、哪裡簡單。祂會供應我們人生之路上的所需，但是我們要從祂放在我們人生道路的其他人身上學習，不管我們心裡覺得這個人是否配得他所扮演的角色。只有透過如此，那些看不見的絲線，才會編織出我們人生的織錦，在神的引領下，豐富我們生命的全景。

在與我們共同生活的十年裡，婆婆讓神帶領，學習了神給她安排的功課；而且透過婆婆，我們也成熟起來，變成神希望的家人。我們一生都很感謝婆婆，她作神的器皿，讓我們變得更加完善。

回歸摯愛之人的所在

「迎接妳去天堂的隊伍中，爸爸一定是第一個。」

外婆死於肺結核病時，我的媽媽瑪格麗特．瑪莉．菲茨帕特里克才兩歲。直到媽媽七歲、外公再婚時，媽媽才居有定所。在兩歲到七歲之間的日子裡，她一直在未婚的姑姑或者表姊妹家之間游離，後來還有一陣子住在小旅館裡，等著外公下班時過去看望她。

有件事媽媽一直覺得很奇怪，每回聽見音樂演奏的聲音時，她就會感到一股莫名的哀傷，每每讓她心痛得不能自己。很多年後她才知道，以前自己的媽媽每天都會用鋼琴彈奏古典音樂，後來有一天，鋼琴聲就再也不響起了。媽媽一直在尋求著一個安全溫柔的棲栖之地，直到遇見父親，她的這個渴望才得以實現。

瑪格麗特．瑪莉．菲茨帕特里克，也就是佩姬．菲茨帕特里克，在一九三五年與約翰．約瑟夫．派翠克結婚。婚後的生活與婚前的生活截然不同，差異之大，恍若白天與黑夜。父母的收入並不高，但是靠著勤勞的工作、果斷的毅力、不懈的愛和從不停歇的祈禱，他們養大了四個女兒。當時父母住在紐約州的塔潘郡，不管大雨天還是大晴天，父母總要在紐約和塔潘郡之間來回往返。有一回下大雪，父母拉了雪橇帶我們姊妹去教堂，雪橇的繩子掛在父母的腰間，那幕情景，成了我們童年時最溫馨的回憶。

父親在一九七三年過世時，母親才六十五歲。後來的日子裡，她沒有讓自己消沉下去，生活過得相當精彩。她去玩了很多地方，在教會參加各種服侍，讀了很多喜歡看的書，自己練習演奏了一百五十多首歌曲，還要疼愛女兒以及外孫輩的孩子們，這樣過著忙忙碌碌的生活，一直到她高齡八十歲。

我還記得有一回，她自己開了四十分鐘的車，從她的住處開來我這裡，一路上車窗搖下來，銀白色的頭髮隨風飛舞，從車內流洩而出的古典音樂全世界都聽得到。媽媽是個風趣又有原則的人，美麗而溫和，她擁有篤實的信仰，也在神的愛裡得到獨立堅強的力量。她的和藹親切，以及內在的精神，深深感染著周遭的每一個人。

在父親過世前，媽媽和我的大姊莫瑞恩同住，而父親過世後，媽媽也繼續在大姊那邊住了二十幾年。但是，到了媽媽九十歲的時候，大姊去上班而不得不讓媽媽一個人在家時，安全就成了問題。這時，她改成一週中有兩、三天去佩格（大家更愛叫她瑪姬）那邊，她家靠大姊家很近。媽媽也很喜歡去佩格和他先生吉姆的家，兩夫妻很有心，特別為媽媽裝修了一間漂亮的房間。媽媽每次去，他們都招呼得很周到，把她服侍得像個皇后似的；媽媽愛吃什麼，他們就準備什麼，小小的一件事都可以把媽媽逗得喜孜孜的，這時媽媽總是說：「你們真乖。」

這樣幾年下來，媽媽和佩格累積了深厚的情感，她們彼此了解，這讓她們可以毫無保留地相親相愛。但是媽媽一向獨立慣了，儘管體力變弱，與佩格他們也處得很好，但是每隔幾天，她還是要回到自己家裡一趟。

住在紐澤西、四姊妹中的老么安妮也會定期來看望母親，每一趟來，都伴隨著她滿滿的關愛。因為排行最末，安妮總是習慣做大家的幫手，經過她的努力，事情總是可以變得更好；她也很樂意付出，妳若說她身上的襯衫好看，她會立即脫下來送妳。看到媽媽的身體每況愈下，安妮更是使出了渾身力氣，希望媽媽的健康能維持得久一點。她希望媽媽永遠都跟我們在一起，而她覺得只要心誠，願望就一定會實現。

我想，這是因為安妮是家裡的老么，媽媽的離開對她打擊更大一點。然而很遺憾地，不管她怎樣努力，收到的效果就是沒有她付出的那麼大，她總覺得事情不該是這樣的。她帶來健康而芬芳的花草茶，幽香的護手霜和身體乳液，她覺得對身體有幫助的運動也教媽媽做，還買維他命幫媽媽補充體力，甚至還買了很多可愛的外套、披肩，希望媽媽穿得暖和而舒適。和媽媽一同外出時，更是時不時地親吻、擁抱媽媽。

大姊莫瑞恩是個享受生活、也享受工作的人，職場上的同事經常來來去去，這陣子來了個怎麼樣的新面孔、工作上又發生了什麼新鮮事，這些瑣碎小事到了莫瑞恩那兒就變得幽默有趣，她每天分享的各種趣聞讓母親的生活不寂寞。她也常與母親一同回憶過去種種快樂而奇妙的旅程，而去捷克的一趟是最常提起的，因為這趟旅程母親期待了很久。對母親來說，這是她人生最風光的時候。莫瑞恩總是要等到母親洗完澡她才會睡下，夜裡也睡得很警醒，生怕母親發生什麼事。她的行為處處顯示出長女的責任心，而對她的這片心意，母親也明瞭於心。

過了九月，母親就邁向九十一歲了。她不想再在幾個女兒之間跑來跑去，於是她來了我這裡，共同度過在世上的最後一段日子。母親和我相處起來比較像是朋友，而不像母女，至於為什麼會這樣，我想原因只有神才知道。從我還是小女孩的時候，我們就彼此信賴，有事會徵求對方的意見。這樣的互信，成了我與母親感情的基石。

最近幾年來，母親常常跟我說：「等我老了，想去妳那兒終老，可以吧？」所以母親現在來和我及我的家人窩在一起。在我家裡，母親過得平靜安穩，她常常思索著基督的生命，聽著喜歡的古典音樂，看喬治．威爾播夜間新聞，坐在露臺上望著湖水。她的女兒們、孫兒們，還有很多的朋友都會來家裡看望她。

有一天，我突然冒出來一句，問媽媽可不可以用一句話來概括形容她的一生。

她想也沒想，便回答說：「**神奇**。」母親的一生活出了神的恩典，戰勝了很多困難，所以她說她的一生是「神奇」的一生。

在悠閒的日子裡，她時常靜靜坐著，對我說：「這裡好平靜啊。住在妳這裡我很高興，謝謝妳。我愛妳，女兒，妳知道的。」

與母親相處的美妙時光，對我來說，是最珍貴的記憶。

媽媽九十一歲的生日只請了一些至親好友，因為媽媽個性低調，一向不喜歡引人注目，年紀大了依然如此。秋去冬來，母親似乎愈來愈往天堂的路上去了，與她摯愛的丈夫約翰碰面的日子也不遠了。

「女兒呀，該說的事，我們還是來說一說吧。」一天下午，她對我說。「我的房子、家產有沒有都安排好？」她問。好像每一個母親在聖誕節早上要估量一下每個孩子的禮物公不公平，媽媽現在做的，就是把她最後的禮物，公平地分給她的每一個孩子。

春天來了，溫暖晴朗的日子多了起來，媽媽常打個小盹，聽聽古典音樂，更多的時間就是祈禱。她享用她最喜歡的虹彩雪酪、香噴噴的炒蛋、一小塊培根，再加上一小碗雞湯——雖然她喝得很少，但她總是對我說，再多喝一點她都可以長出羽毛來了。她的朋友常來看望她，幫她修指甲、剪髮、洗髮，和她一起聽音樂，翻看舊照片，聽她分享照片後頭的每一個故事。

她常常說起我的外公，說外公有多疼她，若是父女倆可以見上一面，該是多麼快樂啊。雖然外公早在媽媽二十五歲那年就過世了，但是她對外公的印象卻很深，她覺得自己的父親是個很有愛心、很樂於奉獻的人。

一天她對我說：「我聽到有人在叫『瑪格麗特，瑪格麗特。』」她笑了笑，接著說道：「一定是爸爸，或者是姑姑，一定是他們想我了。」

她說得非常自然，通常接近生命末尾的人都會如此。她也常常說到自己的母親，這是她花了一輩子來思念的人。在多次的談話中，她常常不自禁地低喚著「媽媽，媽媽」，一次又一次。但是她又有點擔心自己去了天堂後，會認不出媽媽的模樣，因為媽媽在她兩歲時就離世了，因此她對自己的媽媽幾乎沒什麼記憶。

我安慰她說，神會安排好一切的，當她與外婆相見時，神一定有辦法讓她們彼此相認。

當時的我完全沒想到，這幕情景，竟然真的在我媽媽過世的前兩天實現了。

進入四月後，母親的健康狀況急轉直下。她一天天地衰弱下去，她不時問我，神什麼時候要帶她上天堂。她想早點見到「那一位」，她說：「現在我只想坐在祂的腳邊，和祂在一起。我對此生已經沒有絲毫眷戀。**天堂的門在哪兒？我可以現在就去嗎？**」

「現在還不行，媽媽。等時候到了，天使會來這邊接妳的。」我說。

對此媽媽非常滿意，她笑著對我說：「妳的父親會以妳為榮的。」

這段時間最讓人窩心的經歷之一，就是喬治．約瑟夫醫師的來訪。他是一位母親很喜歡而且非常信賴的醫師。喬治醫師有一個小本子，是他從小就開始收集的祈禱詞，他拿出來和母親一同念著。這個簡單動作帶給母親的安慰與快樂，是很難用言語描述的。

喬治醫師帶著父親般的威嚴，對母親說：「如果你覺得準備好了，就儘管去吧！」那時母親覺得好像得到了父親的允許，讓她可以沒有牽掛地離開，她非常開心聽見醫師這麼說。神藉著一位深得母親信任的人，讓母親聽到這麼一番話，這對母親來說，是莫大的安慰。

春末夏初的時候，小妹安妮來得更勤了，佩格一週裡也有三天陪在母親身邊。母親很喜歡我的三位好友，而我的好友對母親也非常關心，她們常常過來看她，帶漂亮的花給她，陪母親一起聽音樂，靜靜握住母親的手。莫瑞恩在放假的日子裡，也會過來母親這邊，晚上更是常常電話問候。

這段日子，我早上都在家工作，在佩格與安妮不在的時候，我會安排好照顧母親的人，才進辦公室。我先生喬治也是個好幫手，他扶母親起床，攙扶母親去躺椅上，帶母親去洗手間，倒水給母親喝，讓母親舒適一點。因為喬治是在家工作的，所以他可以隨叫隨到，而他溫和服侍母親的樣子，是我最溫暖的回憶之一。

有一天，喬治在幫媽媽調整躺姿的時候，媽媽對他說：「喬治，現在帶我去見約翰吧，拜託。」顯然在媽媽眼裡，喬治是一個可以把一切處理好的人。

對這個出乎意料的要求，喬治只是微笑著點點頭，似乎在說他已經聽見了媽媽的要求，而且也似乎答應媽媽，她與約翰見面的日子不遠了。

近來這段時間，媽媽一輩子和耶穌於內在的私下交談，已經變成了外在有聲的了。我常常聽見她這麼請求：「神啊，請祢帶我和祢一同去天堂吧！我對此生已經不再眷戀，我願意把我的心交給祢。請作我的力量，我愛祢。單單靠我是無法完成的。」

對母親來說，與耶穌如此親密的交談是她喜歡做的事，也是一件很自然的事。耶穌是她的救贖，是她的救助，是她的愛，是她的犧牲，是她的兄長，也是一輩子的好友。直到現在依然如此。她和耶穌所說的話和請求，是私人的、也是動人的，我們這些在她身邊的人聽了，只覺得母親所信賴的耶穌是真實存在的，是我們神奇的禮物。

一天我坐在媽媽的床邊時，她忽然開口：「站在角落望著我的老人，是誰？」她問道。「他穿著一身白，還一直看著我。」

我並不意外，病人到了這個階段，常常會說到這類的事，天使離他們很近，身高兩公尺四，一身素服，看起來好像會發光。

「妳覺得那是妳的天使嗎？」我問。媽媽點點頭。我又說：「看起來妳的天使和妳一樣，有些資歷呢。」

母親笑著回答說：「妳真體貼，有妳這個女兒真好。」這時母親的眼睛特別藍，聲調特別柔軟，其中蘊含的溫柔與美麗，是任何言語都無法形容的。

照顧中心的同事們對我母親付出了更多的用心，為母親漫長一生的最後階段做了萬全的準備。當治療、康復變得不可能的時候，他們極力讓病人在身體上、情感上、精神上處於一個愉快舒適的狀態，直到最後一天到來。南西、芭芭拉、黛恩妮是母親在地上的天使，他們是母親的照顧護士，他們比任何其他專家都付出了更大的努力。

有一天，媽媽說：「生命堵在我的胸口，我再也耐受不住了，快來救救我吧。我跑了好久、好遠，放過我吧，親愛的，**讓我走吧。**」

母親似乎離最後的日子愈發地近了，一天之中絕大部分的時間，我們都在幫助她洗澡、幫她翻身來減少疼痛、把濕的衣服敷在她的額頭、把小冰塊沾在她的唇邊。晚上我也陪她同睡，母女手牽著手。這段時間以來，媽媽幾乎沒怎麼闔眼，看著病房周圍，似乎讓她感到非常安慰。

莫瑞恩大姊在媽媽離開前的最後一天也過來了，她鼓勵母親說，如果準備好了，就到她信靠了一輩子的神那裡去。看起來這就是母親期待的。

人在即將死亡的時候，身體要與靈魂分開。這個分離過程就是許多有過類似體驗的人所經常描述的。如果你願意聽，他們可以講得鉅細靡遺。他們會告訴你，就是在這段時間，他們會見到天使，或是先他們過世的親人；他們會聽到天使在唱歌，那是難以形容的美妙聲音；他們似乎**在天堂與人世之間來回往返**，他們常小聲嘀咕著：「我在一個暫時等候的地方。這裡很棒。我不再與你們一起了，但是也還沒到天堂呢。」此時，如果你安慰他們說，這樣的經歷都是正常的，是要開始下一段旅程的必經過程，他們就會跨出進入天堂的最後一步，到神一開始就允諾他們的地方去，平靜、詳和而沒有恐懼。

媽媽的最後一天也是這樣。她一生對耶穌有著強烈而不可動搖的情感，所以我在媽媽床邊放了一尊耶穌的雕像，也常常重複念媽媽喜歡的幾段祈禱文給她聽。每隔一小時，我會幫媽媽翻一次身，我把雕像放在床的左側，躺在右側的媽媽就能一直對著耶穌。

最後一天，媽媽一直沒闔眼，我鼓勵媽媽把疲憊的頭靠在耶穌的心上，讓耶穌擁抱著她，確認媽媽會在耶穌那裡找到平安和安慰，會在天堂得到安妥。

晚一點的時候，陪了我們整天的萊諾拉和喬恩準備先回去了。萊諾拉悄悄溜進媽媽的病房，與媽媽吻別。媽媽一向非常疼愛這個外孫女，我很高興這個女兒一天都陪著我，而且她是最後一位和媽媽吻別的人。

我知道媽媽離開的時候快到了，我滑到她床上，雙手抱住她，把她擁在我的懷裡，對她說：「妳現在就要去天堂了，我會陪著妳，直到妳在那邊安頓下來，誠如我們之前約定的。在迎接妳的隊伍中，爸爸一定站在第一個。而且他手上還拿了一根棒球棍，若是誰擋了妳的路，他就會一棍子敲下去。妳知道的，他從來看不得有人比他更親近妳。」

母親的頭靜靜地靠在我的身上，她微笑了一下，闔上眼，然後離開了。我們就這樣擁抱了好一會，好一會兒。母親一輩子信神、愛神，現在回到了神的懷抱，還有心愛的喬治陪在身邊，這應該是最好的結局了吧。我會永遠地感謝母親、感謝神，感謝他們讓我有幸陪伴媽媽走到最後。

媽媽的一生是信仰的一生，她喜歡傳播福音，將她從神那裡得到的禮物毫不吝惜地與身邊的人分享；她與神有著親密的關係，信仰之堅定也是我在周遭人們身上僅見的。在幼年喪母的痛苦中，媽媽苦苦追尋著神的蹤跡，在人生道路上遇見的人與事當中認識神的存在。

雖然母親的早逝給她心中帶來巨大的傷痛，但是她卻學著伸出手來，安慰那些需要幫助的人。對受傷、迷失的孩子，她總是分外關心，漸漸地，她把這份關心擴大到那些為環境所迫的失意者身上。她接受了神的恩典，為自己的父母殷切地祈禱，藉著這些充滿期盼與力量的禱告之聲，讓她開啟了一條人生之路，長成了自己所期望的樣子。

媽媽就是這樣的一個人。我想，此刻父親應該很高興，他深愛的妻子終於又回到他的身邊了。

結語

每個人都有這一天。

不管出生早晚，不管壽命長短，每個生命遲早都有一天會結束。在自己的死亡真正來臨之前，若我們有機會陪伴親愛的家人或朋友走過離開前的最後一段歷程，那是非常值得珍惜的體驗。在書中，這些朋友分享給我們的真實故事、對話和經驗，為我們繪製了一幅風景，讓我們有機會去期待、去了解、去學習。

仔細聆聽這些故事，我們會發現，死亡的過程不單單是一個身體的變化過程，更是一個精神性的過程，是我們的靈魂回到創造者那裡的一個過程。從過世的人身上，以及他們的家人身上，我們都可以看到神的手溫柔地撫慰、引導一切。在塵世生命快要結束的時候，神會帶來**希望與安慰**，讓我們懂得生與死的意義。在生命的尾聲，人們會用最溫和的語氣解釋關於生死的一切——追根究柢，**一切都是愛**。半點不多，半點不少。

他們將由一位充滿慈愛的存在所陪伴，可以重新審視他們的人生，清楚看到自己曾經擁有的機會，以及他們做的選擇。很多人提起這個回顧過程，心情不是擔心和害怕的，而是覺得可以從神的角度來看待事情。即將臨終的他們經歷了一個獲得洞見的過程，也經歷了上帝無條件之愛的終極療癒。

每一個生活中的體驗，都像銅板一樣具有兩種面貌。在準備接自己的孩子回家時，神也同時教導了周圍的人們。在照顧心愛的家人或朋友臨終的過程中，每個人都學到了不同的功課，而這正是神認為他們最需要、也最該學的。事後這些人都會說，這是神要他們學習的，因為若是只靠他們自己，他們根本不會選擇這麼做，更別提要從中學到深刻的領悟了。

常常有人問我：「三十二年來照顧親人、朋友、病人，這其中妳學會最重要的一課是什麼？」我總是毫不遲疑地回答，那就是**神愛祂所造的每一個人**，從我們身上的一顆小痘痘到全部，從現在到永遠。祂不希望丟失任何一個孩子，在每一個臨終者身上，我都看到祂顧念每一個孩子的深切愛念，每段過程都是那麼讓人動容、那麼令人感動。在接每一個孩子去天堂的過程中，我一次又一次地見證了這一切。

死亡原本就是生命的一個部分。**它不是結束，而是開始**，是世上的生命轉變成神允諾祂孩子的永恆生命的一個過程。神造我們的時候，就給了我們在地上的任務，當我們完成這些任務，祂就會召喚我們回家。

祂愛我們，千真萬確，永遠。

致謝

首先要謝謝我的先生喬治（George），若沒有他無私的關愛和鼓勵，寫作此書幾乎是不可能的任務。還有我的孩子們：小喬治（George Jr.）、喬恩（Jon Hugh）、肯尼斯（Kenneth David）和艾瑞克（Erik），因為他們的耐心和幽默，以及他們的信仰，幫助我完成了這部作品。

也感謝我的父母約翰（John Horan）和佩姬（Peggy）留給我們溫暖的回憶，他們的親身示範，是我們這些孩子們精神和道德上的典範，我們也以此建立起我們的家庭和生活。

在這裡要特別感謝諾拉．瑪麗修女（Sister Naureen Marie），是這位溫和美麗的修女教導我，病人床邊的護士在神的終極療癒中，起著多麼大的輔助作用。

致謝

我非常感謝同業的先進，他們很早就意識到，對罹患絕症的人提供個性化與支持性幫助的必要。他們創立了安寧照顧中心，在社區醫療體制外提供了一個場所，可以為病人提供舒適、兼顧情感和精神的修養之地。他們排除困難，勇敢前行，教導並帶領人們過好生命中的每一天，直到最後。對此我們非常感激。這群默默奉獻的人很多，包括桑德絲醫師（Dame Cicely Saunders）、喬依・烏菲瑪（Joy Ufema）、伊莉沙白・庫伯勒—羅斯（Elizabeth Kübler-Ross）。他們在國內以及國際間的奔走，才讓大家理解到安寧照顧的重要，安寧照顧這一區塊才會有今天的地位。

在我工作了二十多年的照護中心，保羅（Paul Brenner）、多緹（Dottie Dorion）、琴（Gene Lewis）、費昂（Phaon）以及凱（Kay Derr）、路易絲（Lois Graessle）、馬特醫師（Matt Becker）、格麗卿（Gretchen Bell）、傑克（Jack Galliard）、雪莉（Shirley Doyle）、琳達（Linda Brown）、比利（Billye Boselli）、喬治醫師（George Wilson）、佛瑞德醫師（Fred Schert）、麥克斯醫師（Max Karrer）、山姆醫師（Sam Day）、吉安娜（Jeanne Christie）、貝蒂（Betty Hurtz），還有許多其他人，在照顧中心的建立都付出了很多心力。

照顧中心的護士、牧師、社工人員、居家照護幫手，以及周邊人員，他們的薪水都很低，甚至更像是一份津貼而不是正式收入，但若沒有他們的堅持、耐心及愛心，病人就無法受到溫和的照顧，也不能平靜而有尊嚴地走完最後的人生。照顧中心的員工們都了解這些，但是他們默默付出，讓病人生得舒適、死得有尊嚴，他們以此為榮，奉獻了二十五年。

特別感謝潔姬（Jackie Aquino），她也是一位安寧照顧的護士，在二十五年前開始投身這項事業，還有艾瑞（Edry Rowe Surrency）的無私奉獻，是她們的付出，才讓我們的工作可以順利進行。

特別感謝蓋伊（Guy Cuddihee）、派蒂（Patti Hendricks Joyce）和梅樂蒂（Melody Simmons），因為他們的分享，才有了書中的故事。

我要特別謝謝我的經紀人卡蘿（Carol Susan Roth），因為她的努力，讓這本書被大家所知道、所了解。只要有機會，她就推廣這本書，並且為我跨出的每一步而鼓勵我，在此謝謝她。

廣 告 回 函
北區郵政管理登記證
北臺字第000791號
郵資已付，免貼郵票

104 台北市民生東路二段141號2樓

英屬蓋曼群島商家庭傳媒股份有限公司城邦分公司 收

請沿虛線對摺，謝謝！

書號： 1MA030 書名：最後的40堂奇蹟課

請於此處用膠水黏貼

啟示出版 Apocalypse Press

讀者回函卡

謝謝您購買我們出版的書籍！請費心填寫此回函卡，我們將不定期寄上城邦集團最新的出版訊息。

姓名：____________________

性別：□男 □女

生日：西元 ________ 年 ________ 月 ________ 日

地址：____________________

聯絡電話：____________ 傳真：____________

E-mail： ____________________

職業：□**1.**學生 □**2.**軍公教 □**3.**服務 □**4.**金融 □**5.**製造 □**6.**資訊

□**7.**傳播 □**8.**自由業 □**9.**農漁牧 □**10.**家管 □**11.**退休

□**12.**其他 ____________________

您從何種方式得知本書消息?

□**1.**書店□**2.**網路□**3.**報紙□**4.**雜誌□**5.**廣播 □**6.**電視 □**7.**親友推薦

□**8.**其他 ____________________

您通常以何種方式購書?

□**1.**書店□**2.**網路□**3.**傳真訂購□**4.**郵局劃撥 □**5.**其他 ____________

您喜歡閱讀哪些類別的書籍?

□**1.**財經商業□**2.**宗教、勵志□**3.**歷史□**4.**法律□**5.**文學□**6.**自然科學

□**7.**心靈成長□**8.**人物傳記□**9.**生活、勵志□**10.**其他 ____________

對我們的建議：

____

____

____

____

請於此處用膠水黏貼

國家圖書館出版品預行編目資料

最後的40堂奇蹟課/ 茱蒂・荷莉絲（Trudy Harris）作；藍曉鹿譯. -- 初版. -- 臺北市：
啟示出版：家庭傳媒城邦分公司發行, 2012.02
面；　公分. --（Soul系列；30）
譯自：Glimpses of Heaven : true stories of hope and peace at the end of life's journey

ISBN 978-986-7470-64-5（平裝）

1.基督徒

244.9　　　　101000962

Soul系列030

最後的40堂奇蹟課

作　　者／茱蒂・荷莉絲（Trudy Harris）
譯　　者／藍曉鹿
總 編 輯／彭之琬
企畫選書人／李詠璇
責任編輯／李詠璇

版　　權／林心紅、葉立芳
行銷業務／林詩富、林彥伶
總 經 理／彭之琬
發 行 人／何飛鵬
法律顧問／台英國際商務法律事務所羅明通律師
出　　版／啟示出版
台北市104民生東路二段141號9樓
電話：(02) 25007008　傳真：(02)25007759
E-mail:bwp.service@cite.com.tw
發　　行／英屬蓋曼群島商家庭傳媒股份有限公司 城邦分公司
台北市中山區民生東路二段141號2樓
書虫客服服務專線：02-25007718；25007719
服務時間：週一至週五上午09:30-12:00；下午13:30-17:00
24小時傳真專線：02-25001990；25001991
劃撥帳號：19863813；戶名：書虫股份有限公司
戶名：英屬蓋曼群島商家庭傳媒股份有限公司城邦分公司
訂購服務／書虫股份有限公司客服專線：（02）2500-7718；2500-7719
服務時間：週一至週五上午09:30-12:00；下午13:30-17:00
24時傳真專線：（02）2500-1990；2500-1991
劃撥帳號：19863813 戶名：書虫股份有限公司
讀者服務信箱：service@readingclub.com.tw
城邦讀書花園：www.cite.com.tw
香港發行所／城邦（香港）出版集團有限公司
香港灣仔駱克道193號東超商業中心1樓_ E-mail:hkcite@biznetvigator.com
電話：(852) 25086231　傳真：(852) 25789337
馬新發行所／城邦（馬新）出版集團【Cite (M) Sdn. Bhd. (458372U)】
11, Jalan 30D/146, Desa Tasik, Sungai Besi,
57000 Kuala Lumpur, Malaysia
電話：（603）90563833　傳真：（603）90562833

封面設計／徐璽
排　　版／極翔企業有限公司
印　　刷／城邦印書館股份有限公司
經　　銷／聯合發行股份有限公司 電話：(02) 29178022　傳真：(02) 29156275

■2012年2月23日初版
■2018年3月8日初版3.8刷
定價240元

Printed in Taiwan

城邦讀書花園
www.cite.com.tw